HISTOIRE
DU BUGUE.

HISTOIRE
DU BUGUE,

PAR

M. L. DESSALLES,

Archiviste du département de la Dordogne, membre de la Société d'Agriculture de Périgueux, membre correspondant de la Société des Antiquaires de France, de l'Académie des Sciences, Inscriptions et Belles-Lettres de Toulouse, etc.

Lays mentir per dire ver
Et azir tort, e dreitz mi play,
E blasmi mal, et lauzi be.
(Pierre Cardinal : *Tostemps vir.)*

Je délaisse le mentir pour dire le vrai, et je déteste le tort et le droit me plaît, et je blâme le mal et je loue le bien.

PÉRIGUEUX,

IMPRIMERIE DUPONT ET Cᵉ, RUE TAILLEFER.

1857.

HISTOIRE
DU BUGUE.

LIVRE PREMIER.

CHAPITRE PREMIER.

Position du Bugue.—Son origine.—Son couvent.—Son importance politique et religieuse.

Avant 1789, le Bugue, actuellement chef-lieu de canton, arrondissement de Sarlat, département de la Dordogne, faisait partie du diocèse et de l'élection de Périgueux. Cette petite ville placée autrefois presque au centre de l'ancienne province de Périgord, est encore à peu près au centre du département (¹), parce que le département a été formé de la province, à quelques rectifications de limites près. Elle occupe un site des plus agréables et des plus pittoresques, sur le penchant d'une riche colline disposée en amphithéâtre et baignée, à sa base, du nord au midi, par un limpide et abondant ruisseau, appelé la Dotz (²), dont les eaux bienfaisantes fertilisent une riante vallée, et de l'est à l'ouest, par la Vézère, qui contourne gracieusement une belle et féconde plaine déroulant son tapis de moissons et de prairies dans la direction du nord-est au sud-ouest.

(¹) Le Bugue est situé à 40 kilomètres nord de Périgueux, à 30 kilomètres est de Sarlat et à 45 kilomètres ouest de Bergerac.

(²) Prononcez *La Doutz*, mais n'écrivez ni ne prononcez *La Doux*, comme on le fait mal à propos. Le mot *Dotz* signifie source.

L'origine du Bugue n'est pas connue. L'histoire se tait complètement à cet égard. Un acte du ixe siècle est le monument le plus ancien où cette localité se trouve mentionnée ; mais ce qu'on y lit la concernant, prouve suffisamment qu'elle existait long-temps avant l'époque de la rédaction de cet acte ; elle y est désignée comme *chef-lieu de centaine* (¹). Il est vrai que le mot *Albuca*, que nous trouverons dans un document du siècle suivant, avoir été la forme primitive du nom prononcé aujourd'hui *le Bugue*, ne figure pas dans cet acte. Toutefois, comme il n'y a pas moyen de mettre en doute le sens du passage (²), l'absence de ce mot ne saurait porter atteinte à l'exactitude du fait, d'autant que les centaines furent régulièrement constituées, vers 595, par Clotaire II, alors roi unique de toute la Gaule depuis plusieurs années. Il faut donc conclure de cette mention, et surtout de la manière dont elle est formulée, ou que le Bugue avait été fondé antérieurement au règne de Clotaire, ou, si sa fondation est postérieure à ce règne, qu'il avait cependant acquis, dès le ixe siècle, assez d'importance pour que sa population dépassât celle d'un simple village, et lui valût d'être créé chef-lieu de la division territoriale dont je viens de parler à la place d'une autre localité de moindre influence. A première vue, cette dernière supposition paraîtrait d'autant plus probable, qu'en arabe le mot ALBUCA signifiant *station*, le Bugue aurait fort bien pu avoir pour fondateurs les Sarrazins, pendant leurs excursions en Aquitaine, au viiie siècle. Mais, d'une part, le silence complet de l'histoire sur toute espèce d'établissements de ces peuples dans la seconde Aquitaine, et, de l'autre, la possibilité de rattacher le mot *Albuca* à la langue gothique ou à l'idiome de quelque autre peuple établi dans les Gaules, depuis

---

(¹) On verra plus loin ce que c'était qu'une centaine.
(²) L'acte porte *in centená Albucensi*. (Voy. plus bas, p. 14.)

des siècles, au moment où les Sarrazins commencèrent leurs courses, conduisent naturellement à penser que la petite ville dont nous nous occupons devait exister long-temps avant le viiie siècle (¹).

Quoi qu'il en soit, et quelque parti que l'on prenne au sujet de l'époque présumable de la fondation du Bugue, il est certain qu'au ixe siècle cette localité était un chef-lieu de centaine (²) sous la dénomination d'*Albuca*, comme va nous l'apprendre l'acte du xe siècle que j'ai signalé plus haut, et dont j'ai hâte de donner ici une traduction littérale, parce qu'il est de la plus grande valeur historique pour notre petite ville, et que d'ailleurs, remarquable dans son ensemble et dans ses détails comme il l'est, il mérite d'être connu en son entier (³).

« Lorsque, entre l'acheteur et le vendeur, l'objet d'un mar-
» ché a été spécifié et que la valeur en a été réglée, quoiqu'il
» vaille plus ou moins que le prix pour lequel les vendeurs l'ont
» cédé au moment où ils ont traité, on ne doit pas deman-
» der davantage ; de la sorte, le marché sera reconnu n'être
» entaché de fraude ni de violence. Si donc celui qui aura vendu
» veut rétracter ce qu'il a fait, que cela ne lui soit aucunement
» permis ; c'est pourquoi moi Grimoald et Adelaïde (⁴), ma

(¹) Dans le calendrier du département, année 1817 (p. 173), M. Jouannet prétend que Bugue vient du celtique *Bug*, signifiant *petit houx*, parce qu'ajoute-t-il, il y en a beaucoup aux environs du Bugue. Indépendamment de ce qu'il n'y a pas plus de petit houx aux environs du Bugue que partout ailleurs, il est certain qu'*Albuca* ne peut pas venir du prétendu celtique *Bug*.

(²) Je dirai bientôt en quoi consistait cette centaine.

(³) Cet acte, en écriture du temps, est transcrit au fol. 142, v°, d'un manuscrit provenant de l'abbaye de Saint-Martial, de Limoges, et déposé à la bibliothèque impériale de Paris, fonds des mss., n° 1785.

(⁴) L'acte latin porte *Alndaudis*, et le polyptyque (A) de l'abbaye du Bugue, que j'aurai souvent à citer, appelle cette dame Halau ; ces deux mots répondent, ce me semble, au mot moderne *Adélaïde*.

(A) On appelle polyptyque un registre ayant trait aux cens, rentes et autres revenus des établissements religieux, et contenant à la fois l'énumération de ces cens, rentes et revenus, et les actes qui leur étaient relatifs.

» femme, aliénant d'un commun consentement, nous décla-
» rons, au nom de Dieu, avoir vendu, d'après ce principe, à
» un homme appelé Guigues, abbé de Paunat, monastère de
» notre alleu, dans le territoire périgourdin, dans la centaine
» du Bugue, dans la ville appelée *Albuca* (le Bugue), et dans
» une autre ville qu'on nomme *Apabone* (¹), ville qui nous est
» échue en héritage de notre cousin Basen, tout ce que nous y
» avons et possédons, et que l'on sait nous y appartenir, sauf
» l'église de *Saint-Sulpice* (²). Nous vendons, disons-nous, au
» susdit saint lieu, à l'abbé Guigues, qui est aussi abbé de Saint-
» Salvador ou de Saint-Martial (³), et aux moines qui honorent
» Dieu dans ledit couvent de Paunat, le tout ainsi qu'il se com-
» porte en terres, champs, forêts, vignes, prés, moulins, pê-
» cheries et le port desservi par des bateliers, ce qui est cul-
» tivé ou à cultiver, reconnu ou à reconnaître sur les bords de
» la rivière de Vézère ; pour laquelle vente, nous recevons de
» vous le prix que j'ai convenu, de mon bon gré, entre nous et
» vous, c'est-à-dire deux cents sols d'argent, et afin que, à par-
» tir de ce jour, vous jouissiez, teniez et possédiez et fassiez,
» en toute chose, ce qu'il vous plaira, sans opposition, de la
» part de qui que ce soit, à titre de répétition, ce que je ne
» crois pas devoir être fait ; si nous ou aucun de nos héritiers,
» ou toute autre personne en ayant la mission, s'avisait d'aller
» contre cette vente, quel qu'il soit, qu'il encourre d'abord la co-

(¹) Il n'est pas question de cette localité dans le polyptyque, d'où il faut conclure qu'elle était éloignée du Bugue, et ne comptait pas parmi les biens consacrés à la fondation du couvent. On voit, du reste, par l'acte, que cette localité ne faisait pas partie de l'*alleu*, comme le Bugue, puisqu'elle était échue, par héritage, aux vendeurs.

(²) Actuellement encore l'église paroissiale du Bugue.

(³) L'explication de ce passage, c'est que le couvent de Paunat fut bâti sous l'invocation de saint Salvador ou saint Sauveur, en l'honneur de saint Martial. Il est même à croire que c'est par suite de cela que le couvent du Bugue fut également placé sous l'invocation de saint Salvador ou saint Sauveur.

» lère du Tout-Puissant, et avec Datan et Abiron et Judas Isca-
» riote, qui trahit le Seigneur, qu'il brûle à jamais dans l'enfer,
» et ce qu'il réclamera, qu'il ne l'obtienne pas ; mais, en outre,
» qu'il finance et soit contraint de payer dix livres d'or, valant
» chacune cinq livres d'argent, et que cette vente reste ferme
» et stable à tout jamais, etc. Cette vente fut faite au mois
» d'août de la 10e année du règne du roi Lothaire (964), avec le
» seing de Grimoald et celui d'Adelaïde, sa femme, qui prièrent
» des hommes de bien (¹) d'en dresser acte et de le certifier de
» leurs mains. Suivent les seings d'Hebrard, leur fils; d'Hebrard,
» vicaire ; de Mainard, de Fulcard, de Gausfred, d'Hugues, de
» Bernard et de Begon, vicaire. »

Certes, on le voit, cet acte n'est pas moins positif au fond que curieux par la forme. Il constate qu'au Xe siècle, le droit romain était devenu le droit commun du pays, comme il le fut constamment jusqu'à la révolution ; il révèle, en outre, un fait complètement tombé dans l'oubli, et dont n'ont eu connaissance ni les auteurs du *Gallia-Christiana*, ni aucun des savants qui se sont occupés de l'histoire ecclésiastique : je veux parler de la vente, au Xe siècle, de la paroisse sur laquelle on voulait fonder le couvent du Bugue.

Quant à son authenticité, elle ne saurait être mise en doute, puisque le polyptyque dont il a déjà été question, écrit certainement dans la première moitié du XIIIe siècle, le remémore ainsi qu'il suit :

« La dame qui bâtit le Bugue avait nom Adélaïde, et elle
» construisit le couvent en l'honneur de saint Marcel. Elle
» donna pour chose domaniale le bourg autant que le cimetière

---

(¹) Il y a dans l'acte : *Fieri bonorum hominum manibus;* mot à mot : être fait *par les mains de bons hommes*, ce qui signifiait, au moyen-âge, par les mains d'hommes honorables et d'une condition indépendante.

» tient (c'est-à-dire le bourg dans toute son étendue (¹)). Elle
» donna aussi les moulins du pont en aval (²) et la Borie et le
» Coderc, et les Aleudières et la Lande, et le Buc et Vielmont,
» et la Rigaudie et le Mas, et le mas de Pechaubert, et le mas
» de la Musardie, et le mas du Vivier, et le mas de Camplasac,
» et le mas de Carpenet, et le mas de Bonienc, et le mas de la
» Coutaudie, et le mas de la Coste, et la Roumeguière, et la
» Guarrigue et la Sivastaze et l'Agnelie (³) et la Belenie et la
» Vergne, et la Soutaudie et la Borderie de la Touelle, et aussi
» le moulin de l'Agranel et le moulin de la .... sur lequel
» la maison du Bugue a .... et le Pouyet, et la Marsilla-
» guie, et le mas de Pechvallas, et le mas du Port, et le mas de
» Pechser, et le mas Audouin, et la Borderie de Cadouin, et le
» mas de la Teulede, et Crosac. Elle donna ceci pour chose do-
» maniale à Dieu et à la maison de Saint-Marcel et de Saint-
» Salvador, et bâtit le Luc en leur honneur (⁴). »

(¹) Ceci pourrait faire supposer que l'existence du bourg précéda la fondation du couvent ; mais ce serait une erreur, comme je l'expliquerai plus bas. Il s'agit seulement ici de la donation du *terrain* sur lequel se bâtit le bourg.

(²) Les moulins qu'on appelle aujourd'hui le *Grand-Moulin*, dont M. Lafon a fait une des plus belles minoteries du département, et le *Moulin-Bas*.

(³) Peut-être l'*Agelie?*

(⁴) La domna que bastic Albuca avia nom Halau, et bastic en honor de sen Marcel, et donet, par causa domenia, lo borc tant quant lo ci meteris te, e donet los molïs del pont en aval, e la Boaria, e'l Coderc e Aleudiciras e la Landa e'l Buc e Vielmon e la Rigaudia e'l mas del Puch Audebert e'l mas de la Musardia e'l mas de Viviers e'l mas de Camlhasac e'l mas de Carpenet e'l mas de Bonienc e'l mas de la Cotaudia e'l mas de la Costa e la Romeguiera e la Garriga e la Sivastasa e la Anhelia e la Belenia e la Vernhia e la Sotaudia e la Bordaria de la Toelha, et esi lo molis del Agranel e'l molis de la .... en que a la maio d'Albuga .... e'l Poiet e la Marsilhaguia, e'l mas del Puch de Vallas e'l mas del Port, e'l mas del Puch Ser e'l mas Audoi, e la Bordaria Cadoin e'l mas de la Teuleda e Crosac. Aisso donet per causa domenia a Deu e a la maio de sen Marcel e de sen Salvador e'n euz honor bastic lo Luc. (Fol. 25.)

La meilleure preuve que le polyptyque fut composé dans la première

Ces détails sont précis, et ne permettent pas de mettre en doute que la fondation et la dotation du couvent furent l'œuvre d'Adélaïde, ce que l'acte de 964 ne dit pas expressément, puisqu'il se borne à parler de la vente faite par Grimoald et sa femme, à l'abbé et au couvent de Paunat.

Mais ce n'est pas tout que de s'être assuré qu'Adélaïde était bien réellement la fondatrice et la bienfaitrice de l'abbaye du Bugue; il s'agit aussi de savoir qui était cette dame, et c'est encore le polyptyque qui nous l'apprend. On lit au fol. 24 :

« Une chandelle, la veille de saint Luc, d'un quarteron......
» que doit présenter l'abbesse......... le jour de saint Luc, en
» commémoration de l'anniversaire de madame dame Adélaïde,
» qui bâtit l'abbaye du Bugue et donna le Luc; et la chandelle
» doit brûler, la nuit, devant madite dame dame Adélaïde, *qui*
» *était dame de Montignac* (¹). »

Il est donc bien constant qu'Adélaïde, fondatrice de l'abbaye du Bugue, était dame de Montignac, et, par conséquent, que cette fondation ne saurait être attribuée aux seigneurs de Limeuil; cependant, l'acte de 1264, dont il est question dans la note 4 de la page 10, et par lequel l'abbesse et le couvent du Bugue, après de longues contestations, reconnaissent que ces seigneurs sont les *fondateurs, gardiens et protecteurs* de ce couvent, a été accepté comme ce qu'il y avait de plus vrai au monde, et partant, on a cru, imprimé et proclamé partout jus-

---

moitié du xiiie siècle, c'est qu'indépendamment de l'écriture, qui est bien de l'époque, il n'y est pas question d'un acte de 1264, par lequel, comme on le verra bientôt, l'abbesse Marie reconnut les seigneurs de Limeuil pour fondateurs du couvent, et qu'il n'y a même rien qui fasse allusion à cet acte.

(¹) « Una candela, la vespra de la sen Luc, d'u quarteiro.......... que
» deu proferre l'abadessa........ lo jorn de sen Lhuc, per remenbrausa
» de l'aniversari de ma domna N'Alau que bastic l'abadia d'Albugua,
» et de lo Luc; e la candela deu ardre, la nuh, davan la dicha ma
» domna N'ALAU QUE ERA DOMNA DE MONTINHAC....... »

qu'à ce jour, contrairement à la vérité, que les seigneurs de Limeuil avaient bien positivement fondé le couvent du Bugue (¹).

A présent que nous savons le contraire, essayons de nous rendre compte de ce qu'était une centaine au xe siècle, et en quoi consistait la centaine du Bugue.

Organisées dans le principe afin de donner plus d'activité aux poursuites dirigées contre les voleurs de nuit, dont les crimes restaient souvent impunis, les centaines firent comme toutes les bonnes institutions, elles grandirent successivement, et finirent par devenir de véritables circonscriptions administratives et judiciaires.

Bien des auteurs ont attribué à Clotaire la création des centaines; c'est une erreur qu'il importe de ne pas propager, et c'est pour cela que je me suis borné à dire qu'elles furent régulièrement constituées par lui. En effet, voici ce qui se passa :

En prenant possession de leur conquête, les vainqueurs des Gaules y introduisirent la hiérarchie militaire en usage parmi eux, de telle sorte qu'immédiatement après l'occupation, le pays se trouva divisé en plusieurs camps, où les *préfets*, les *tribuns*, les *centurions*, les *décurions* exerçaient le pouvoir, faisaient la police, rendaient la justice et administraient selon le rang qu'ils occupaient dans l'armée.

Cette manière de procéder devait inévitablement engendrer et engendra de fait, dans toute l'étendue du territoire gaulois, des subdivisions qui finirent par s'appeler *centaines*, et à la tête desquelles se trouvèrent naturellement placés des magistrats auxquels on donna le nom de *centeniers*. Toutefois, comme le

---

(¹) Le calendrier historique de la province de Périgord pour l'année 1789, imprimé à Limoges, dit qu'Halau ou Adélaïde fut la première abbesse de ce couvent; ce qui est une erreur d'un autre genre, puisqu'elle n'en fut que la fondatrice et la bienfaitrice.

fait justement observer Du Buat (¹), ces centaines, loin d'être régulièrement établies partout, n'existèrent d'abord, en réalité, que là où stationnaient des soldats romains à qui était confié le soin d'arrêter les malfaiteurs. Cette organisation incomplète ne pouvait pas durer long-temps, et c'est ce qui arriva. Bientôt même le relâchement fut si général qu'on dut sérieusement s'occuper d'y porter remède. Diverses tentatives avaient été faites infructueusement, à différentes époques. Lorsque Clotaire II se trouva seul maître des Gaules, il conçut et réalisa la réorganisation des centaines, sur un plan général et régulier. C'est le succès complet dont fut couronnée son entreprise qui a donné le change aux auteurs, et leur a fait croire que ce monarque avait institué les centaines dont il n'était que le réformateur.

A partir de ce moment, les comtés se trouvèrent subdivisés en vigueries, les vigueries en centaines et les centaines en dizaines. Avec le temps, les vigueries et les centaines se confondirent, pendant que les dizaines disparaissaient, et tous les historiens sont d'accord à dire que, dans les provinces ou comtés, au xe siècle, on ne faisait pas de distinction entre les vigueries et les centaines, qui elles-mêmes ne comptaient plus que des *villages* ou *bourgs*. Quant aux attributions des viguiers ou centeniers, sans être suffisamment déterminées, elles sont cependant assez indiquées pour qu'on puisse s'en faire une idée approximative. Ils n'avaient à s'occuper ni de l'état des personnes ni de la propriété; mais, à part cela, aucune cause contentieuse ne leur était étrangère. Toutefois, il est bon de faire observer que, la plupart du temps, le comte allait tenir le plaid dans les centaines, et qu'alors toute espèce de cause y était appelée.

(¹) *Les Origines de l'ancien gouvernement de la France*, tome 1er, p. 443.

Voyons actuellement quelle était l'étendue de la centaine du Bugue.

J'ai parlé d'un acte du ıxᵉ siècle ; dans cet acte, qui porte la date de 856 (¹), il est question de la donation de l'église de Sainte-Radegonde, avec tous ses bâtiments, terres, vignes, prés, ruisseaux, etc., le tout situé dans le village de *Millac*, centaine du Bugue, donation faite par Guigues à Albon, abbé de Paunat, et aux moines de ce couvent, en l'honneur de Dieu et pour le repos des âmes de Frodon, son père, de sa mère Vulsiane, et de ses frères Arnaud et Ragamfred (²). Or, je l'ai déjà dit ailleurs (³), ce village de Millac n'est autre que la paroisse de *Millac-d'Auberoche* (⁴), qui fit toujours partie de l'archiprêtré du Bugue ; et comme je crois avoir suffisamment expliqué que les archiprêtrés furent calqués sur les centaines et vigueries, il me suffit de rappeler ici que la centaine du Bugue comprenait certainement, dès l'origine, l'étendue de pays circonscrite plus tard dans l'archiprêtré, ou, en d'autres termes, qu'elle se composait des paroisses de *St-Marcel et St-Sulpice* (le *Bugue* proprement dit), *Saint-Pierre et Saint-Martin (Limeuil), Paunat, Saint-Avit-de-Vialard, Campagne, Saint-Cirq, Manaurie, Journiac, Savignac, Fleurac, Mauzens-Miremont,* Saint-Cernin-

---

(¹) *Annales bénédictines*, t. ıᵉʳ, p. 47.

(²) Le Chanceladais Leydet, qui a tant travaillé pour le Périgord, dans un recueil spécial aux établissements religieux de cette province, conservé à la bibliothèque impériale, à Paris, après avoir reproduit cet acte, dit qu'il ignore quel était ce Guigues. Je dis exactement comme lui, car on aurait tort de croire que le Guigues abbé de Paunat en 994 pourrait bien être le même que le Guigues donnant l'église de Sainte-Radegonde de Millac. Ce rapprochement n'est pas admissible, attendu que la donation de Sainte-Radegonde porte la date de la deuxième année de Charles, roi d'Aquitaine, qui correspond à 856.

(³) *Annales agricoles et littéraires de la Dordogne*, deuxième série, tom. v.

(⁴) L'église de Millac-d'Auberoche est toujours sous l'invocation de Sainte-Radegonde.

de-Reillac, *Saint-Félix-de-Reillac*, *Mortemart*, *La Douze*, *Sengeyrat* et *Millac-d'Auberoche* (¹). C'est au xe siècle que les archiprêtrés furent définitivement organisés. Il demeure donc établi qu'à cette époque le Bugue était chef-lieu de centaine et chef-lieu d'archiprêtré. Nous allons voir par quel concours de circonstances cette localité perdit son importance politique, tout en conservant l'importance religieuse qui en avait été la conséquence.

CHAPITRE DEUXIÈME.

<small>Décadence politique. — Prospérité du couvent. — Son incendie. — Sa reconstruction. — Influence des seigneurs de Limeuil.</small>

A peine Charlemagne avait cessé de vivre, que son vaste empire commençait à s'ébranler dans ses fondements. D'une part, les excursions des hommes du nord, de l'autre les dissensions intestines et les tiraillements politiques purent faire présager aux esprits éclairés un bouleversement prochain. La faiblesse de Louis-le-Débonnaire, les luttes de ses enfants avec lui et entre eux, ne firent que hâter la catastrophe, et lorsque Charles-le-Chauve, devenu seul maître de la Gaule, put se recueillir, sa surprise et sa douleur durent être grandes, en voyant la guerre civile s'agiter incessamment autour de lui, et préparer l'affaiblissement graduel de la population, en reconnaissant que la mésintelligence des grands avait substitué à la discipline hiérarchique l'insubordination et le désordre, et que les Normands pouvaient impunément pénétrer jusqu'au centre

---

(¹) Limeuil et Paunat font aujourd'hui partie du canton de Sainte-Alvère, et non pas Saint-Alvère, comme on l'écrit à tort. La Douze, Sengeyrat et Millac-d'Auberoche dépendent du canton de Saint-Pierre-de-Chignac. Le reste constitue le canton du Bugue.

de ses domaines, égorger et piller tout ce qu'ils rencontraient, et répandre partout l'épouvante et la désolation. Il ne se découragea cependant pas ; mais le mal était trop général et trop profond pour qu'il pût y porter remède, et ce fut sans succès qu'il fit diverses tentatives, parmi lesquelles il faut placer son capitulaire, interdisant de construire des châteaux, et ordonnant de démolir ceux déjà construits.

Les châteaux ou forteresses, dont les premiers essais ne remontent pas au-delà du ixe siècle, avaient été entrepris, en apparence, dans le but de ménager des retraites contre les invasions ; mais ils devenaient le plus souvent, entre les mains de ceux qui les avaient élevés, de véritables remparts derrière lesquels on pouvait impunément braver l'autorité royale. Charles-le-Chauve en acquit tellement la certitude, qu'ainsi que je viens de le dire, il ordonna la démolition de toutes ces sortes de constructions, élevées sans son consentement, enjoignant aux comtes d'y tenir la main ([1]). Loin d'être exécuté rigoureusement, l'ordre de ce monarque fut à peine écouté, et les comtes se montrèrent peut-être les plus ardents à la résistance. La terreur qu'inspiraient les Normands servit d'ailleurs très bien de prétexte à l'insoumission, et petit à petit les malintentionnés multiplièrent si bien ces retranchements, qu'avant l'extinction de la deuxième race, il n'y avait pas de lieu élevé et de difficile accès qui n'eût son donjon.

Au milieu de cette tendance générale, on n'aura pas de peine à comprendre que Limeuil, point essentiellement stratégique, très élevé et naturellement fortifié à la jonction de la Vézère et de la Dordogne, dut attirer de bonne heure l'attention. Il était si facile de le rendre formidable, il était si bien placé pour ob-

---

([1]) *Rec. des Hist. de Fr.*, *t.* VII, p. 667. Cap. de Charles-le-Chauve, titre 35.

server et défendre le cours des deux rivières qui s'y rencontrent, et repousser les plus vives attaques, qu'il n'était pas possible de résister à la tentation de s'y loger et d'y former un établissement des plus importants. Lors donc que le *promontoire* de Limeuil n'eût pas déjà été occupé depuis long-temps par une agglomération d'habitations, ce qui n'est pas admissible (¹), il n'est pas douteux qu'à la suite des événements du IXe siècle, la construction du château ne pouvait manquer d'attirer sur ce point un certain nombre de familles, pressées de grouper autour de lui leurs maisons, de la sorte défendues par la disposition naturelle des lieux à la fois et par cette redoutable forteresse. La situation ainsi faite, il fallait inévitablement qu'un jour ou l'autre, le château de Limeuil acquît une grande prépondérance ; la force même des événements le voulait ainsi.

Tant que la deuxième race se débattit dans les étreintes de son agonie, l'Aquitaine, moins préoccupée de ses rivalités intérieures que de la grande lutte engagée dans le nord de la Gaule, ne chercha pas à pousser jusqu'à ses dernières conséquences la révolution sociale commencée sous Charles-le-Chauve, sinon sous Louis-le-Débonnaire. Là, comme ailleurs sans doute, le système féodal continua sa marche progressive ; mais à l'avènement de la troisième race, il n'avait pas encore acquis tout le développement et toute la consistance dont il était susceptible. Le couronnement d'Hugues Capet modifia singulièrement les choses ; refusant de le reconnaître, et n'ayant d'ailleurs rien à craindre de lui, les Aquitains, dès-lors, ne s'occupèrent plus que d'eux-mêmes, et n'eurent plus guère d'autre pensée que

---

(¹) On a prétendu que Limeuil était une forteresse gauloise. Rien ne s'y oppose d'une manière formelle ; mais la démonstration qu'on en donne n'est pas péremptoire. Dans tous les cas, je ne doute pas que ce point n'ait été très anciennement habité.

celle de s'affermir chacun dans la position qu'il s'était faite, c'est-à-dire de vivre dans le plus parfait isolement les uns des autres, et de se maintenir de leur mieux sur le coin de terre où le morcellement indéfini du sol les avait jetés. Ce fut donc dans la deuxième moitié du xe siècle, et très probablement à partir de l'époque de la vente du Bugue par Grimoald et sa femme Adélaïde, que la féodalité, ayant achevé son évolution, s'appliqua à tirer tout le parti possible de la situation nouvelle. On peut par conséquent regarder ce temps d'agitation et de confusion générales comme le point de départ de la suprématie que le château de Limeuil finit par exercer, dans la suite, sur la centaine du Bugue. Il y a même plus, en examinant avec attention la marche suivie par la féodalité, on est porté à penser, avec beaucoup de vraisemblance, que le point fortifié de Limeuil, naturellement placé sous la main du centenier du Bugue, et sans doute fortifié par lui-même, devint sa résidence la plus habituelle durant les troubles, et que postérieurement forcé, dans l'intérêt même de sa conservation, à s'y fixer d'une manière permanente, il n'eut d'autre moyen à employer, pour maintenir son autorité, sur le territoire de son ancienne juridiction, que de continuer à exercer cette juridiction que personne n'était en mesure de lui contester, à supposer qu'on eût eu le temps ou la pensée de vouloir le faire. Or, si les choses se passèrent ainsi, et rien ne permet guère de le mettre en doute, quoi de plus simple que de voir la condition politique du Bugue complètement modifiée, tandis que sa condition religieuse n'éprouvait aucun changement, par la raison que l'organisation religieuse n'avait ressenti aucune secousse ? Ce qui, du reste, contribue encore à faire croire que les événements prirent la tournure que je viens de signaler, c'est que les centaines ayant cessé d'exister à la fin du xe ou dans le cours du xie siècles, nous trouvons au xiie un viguier fonctionnant au

Bugue, et y tenant sans doute la place du centenier (¹), non pas avec toute l'extension d'autorité qu'avait eue ce dernier, mais avec une partie de ses attributions. Or, si ce viguier ou *vicaire* représentait le centenier, il ne fut évidemment appelé au Bugue que par le centenier lui-même, à qui d'autres soins imposaient l'obligation de se faire remplacer. Ce ne sont là cependant, je dois en convenir, que de simples conjectures, faute de détails historiques précis, sans lesquels il n'est permis de rien affirmer d'une manière absolue, sur les divers faits qui se rattachent à cette période de temps.

Au XIIe siècle, la situation change, et les faits se précisent beaucoup mieux. Mais, avant d'aller plus loin, il importe d'examiner s'il ne serait pas possible de se rendre compte de ce qui se passait au Bugue à la même époque.

Nous avons vu la vente consentie par Adélaïde et Grimoald ; nous avons aussi vu Adélaïde reconnue fondatrice du couvent par le polyptyque ; mais nous ne savons pas si le couvent fut achevé de bâtir avant l'an 1000, ou si sa construction se traîna lentement jusqu'après cette époque, regardée, par certaines croyances, comme devant amener la fin du monde. Nous ne connaissons pas davantage les événements accomplis de l'an 1000 à l'an 1095 ou environ.

Le premier renseignement précis parvenu jusqu'à nous remonte à l'expédition de la première croisade. On lit dans le polyptyque : « Le mas de Peirairols fait partie du domaine des » Dames, attendu que la moitié du quart engagé par Ademar de » Beynac fut rachetée, au départ de l'armée de Jérusalem, par » l'abbesse Gerberge, à qui Grimoald de Limeuil, R. de Gasques » et Pons de Bigaroque (²), en donnèrent le conseil. »

(¹) C'est du moins ce qu'autorisent à penser divers passages du polyptyque déjà cité.

(²) « Lo mas de Peirairols es a las domnas dominis, que la meitat del

Il est vrai que ces détails pourraient tout aussi bien s'appliquer à la croisade de Philippe-Auguste qu'à celle de 1095 ; mais comme ce même polyptyque nous apprend que Bernard Gausbert de Pestillac et sa femme Garsende, donnèrent le mas des Bordes à Saint-Salvador du Bugue, pour leur fille *Gerberge*, conseillés en cela par Regnault de Thiviers ([1]), nommé évêque de Périgueux en 1081, et qu'on ne trouve pas d'autre Gerberge abbesse ni même religieuse, il faut bien admettre que cette Gerberge, abbesse vers 1095, était la même Gerberge de Pestillac, d'autant qu'il n'y a rien de surprenant que Gerberge de Pestillac fût devenue abbesse douze ou quinze ans après son entrée au couvent.

Gerberge était donc une abbesse du xie siècle, c'est-à-dire de près de deux cents ans antérieure à la première connue jusqu'à présent. Nous n'avons pas la même certitude pour celles qui lui succédèrent jusqu'en 1264 ; mais les noms venus jusqu'à nous autoriseraient à penser que les lacunes, s'il y en a, ne sont pas considérables. Voici l'ordre dans lequel je crois pouvoir les présenter : A Gerberge de Pestillac succéda Audinos de Vallas, remplacée par Peronnelle de Campagne ; vint ensuite Vierne de Cludoich, sous l'évêque Pierre Mimet (1169-1180), et après elle sans doute, Peironne de Marzac. Peironne de Marzac fut très probablement suivie de Peronnelle de Longat, qui vivait sous l'évêque Ramnulfe de las Tours (1210-1217), et Peronnelle de Longat, d'Ermengarde de Clarens. La dernière fut, selon toute apparence, Marie de Commarque, qui ne me paraît pas être autre que cette Marie dont il est question dans l'acte

quart que Aem. de Bainac avia empens, rems Na Girberga, l'abadessa, a la moguda de la ost de Jerusalem, pel cossel Grim. de Limoil, R. de Gasques e Ponso de Bigaroca, etc. » (Fol. 31.)

([1]) Fol. 29. Il est bon de faire observer que cet évêque s'appelait **Regnault de Thiviers, et non pas Raimond de Thiviers, comme on l'a souvent dit.**

de 1264, déjà signalé plus haut, et dont je m'occuperai bientôt d'une manière spéciale. Quelles étaient les familles de ces abbesses? C'est ce que je ne crois pas nécessaire de chercher à expliquer ici, en supposant que cela fût toujours possible. Quelle fut l'époque de leur élection respective? Combien de temps restèrent-elles chacune à la tête du couvent? Que se passa-t-il d'important durant le cours de leur administration successive? C'est ce que je ne saurais préciser. Tout ce que je puis dire, c'est que le couvent, fort bien doté, dès l'origine, comme on a pu le remarquer, avait considérablement augmenté ses revenus durant la fin du Xe, le cours du XIe et la première moitié du XIIe siècles (¹), de telle sorte qu'à l'époque du mariage d'Eléonore d'Aquitaine avec Henri Plantagenet, et au milieu de l'agitation armée que ce mariage, joint aux habitudes batailleuses du temps, dut nécessairement susciter dans le pays, il était tout naturel que cette grande richesse excitât la convoitise de quelque audacieux baron en qui l'espoir de l'impunité étoufferait toute espèce de scrupules. C'est aussi ce qui arriva. Environ vers 1160 (²), Guillaume de Gourdon (³) se porta sur le Bugue, mit le feu à la ville et au couvent, et fit périr, par les flammes, dans ce dernier, plus de cent personnes, tant hommes que femmes; les ornements, les livres, les croix, les vêtements, tout fut brûlé (⁴).

(¹) Ce qui le prouve, c'est que les meilleures familles du pays s'étaient empressées d'y faire admettre leurs filles. Près de 40 noms inscrits dans le polyptyque ne laissent pas de doute à cet égard.

(²) Je ne sais sur quel raisonnement l'auteur de la *Généalogie de la maison de Taleyrand* (Paris, 1836, in-4º), s'est fondé pour dire affirmativement que l'événement dont il va être question s'accomplit en 1170; cet événement n'est raconté que dans le polyptyque, où il est dit que l'acte de réparation fut fait en présence de Jean, évêque de Périgueux; or, ce Jean, qui n'est autre que Jean d'Assise, était mort en 1169.

(³) Ce Guillaume de Gourdon était très probablement l'aïeul de Bertrand de Gourdon, qui tua Richard Cœur-de-Lion devant la tour de Chalus.

(⁴) Guilhems de Gordo ars la vila d'Albuga e'l mostier, totz los orna-

— 22 —

Cet acte de sauvagerie sacrilége indigna tout le monde. Henri II d'Angleterre, en sa qualité de duc d'Aquitaine ; le pape Alexandre III, Jean d'Assise, évêque de Périgueux ; l'archevêque de Bordeaux, l'évêque d'Angoulême, le comte de Périgord et ses deux frères, ainsi que l'abbé de Sarlat, en furent émus, et contribuèrent à la réparation. Cette réparation fut de huit sols de cens ([1]) à prendre aux Paragies, entre Sarlat et le château de Montfort ([2]). L'acte en fut dressé à Sarlat, dans le cloître de l'abbaye, en présence de tous ceux que je viens de nommer, moins le pape et le roi ([3]). Cet acte fut approuvé au château de Montfort, par Luce, femme de Guillaume de Gourdon, d'après le conseil des personnages déjà cités, en présence de G. Jauffre, archiprêtre du Bugue ; de deux religieuses, dame Peronnelle de Campagne et dame Vierne de Cludoich, depuis abbesse ; d'Etienne, le célérier ; d'Helie Limousin, son chapelain, et de beaucoup d'autres ([4]).

Quoique le polyptyque ne parle pas des suites de cet événement, il n'est pas douteux qu'il dut avoir une grande influence sur les destinées du couvent, et que les seigneurs de Limeuil qui, jusqu'alors, n'avaient joué qu'un rôle tout secondaire, en tirèrent fort adroitement parti. Ce qui me porte à le penser,

mens, los libres e us seins e us vestimens e ins el mostier plus de C. que homes que femnas. (Polyptyque, fol. 26.)

([1]) Somme considérable pour le temps, et qui représente plusieurs centaines de francs de notre monnaie.

([2]) E emendet s'en per comandamen de l'apostoli Alexander e per la justicia al rei Aenric d'Anglaterra, e donet ne VIII sols de ces, à las Paratjas, entre Monfort et Sarlat. *Ibid.*

([3]) Aquest do fes a Sarlat, e la claustra ; e fo i l'arcibesques de Bordel, Bertrans ; e l'ebesque de Peregurs, Jovan ; e l'ebesques d'Engoleima, P. e Helias, coms de Peregorc, e'N Audebert e'N Bos, si frair', et l'abas de Sarlat, Garis et alii multi.

([4]) Aquest mecih do fez na Lucia, sa molher, per cosseil d'aquels, a Monfort auvent G. Jaufre, arcipreveires d'Albuces (pour d'Albuga), e doas morgas del mostier, na Peronela de Campanba e na Vierna de Cludoich, e Esteve, celerier et Helias Lemozi, so capela, etc. *Ibid.*

c'est que le couvent, rebâti sans doute bientôt après, et jaloux de revendiquer tous les droits dont il jouissait antérieurement, se trouva tout à coup, vers le milieu du XIIIe siècle, en lutte avec ces seigneurs, qui réclamèrent et obtinrent des avantages dont ils ne jouissaient certainement pas avant l'incendie. Voici le document, déjà signalé deux fois, qui contient ces détails, tel qu'il nous a été conservé :

« Sachent tous, présents et à venir, que, comme une contes-
» tation existait entre nobles hommes, Raimond de Bou-
» ville et ses frères, seigneurs de Limeuil, d'une part, et vé-
» nérables personnes Marie (¹), abbesse, le célérier et le couvent
» du Bugue, d'autre part, sur les droits que lesdits seigneurs
» disaient avoir dans le monastère, la rue adjacente et les dé-
» pendances dudit monastère et de ladite rue ; enfin, après
» beaucoup d'altercations, les parties se mirent d'accord, par
» amiable composition, de la manière suivante : L'abbesse, le
» célérier et le couvent reconnurent et reconnaissent, de leur
» plein gré, que les prédécesseurs et ancêtres desdits seigneurs
» et ces seigneurs eux-mêmes ont été et sont *fondateurs, gar-
» diens* et *défenseurs* dudit monastère, et que ledit monastère,
» le *Bourg* et ses dépendances sont dans le domaine et la ju-
» ridiction desdits seigneurs. Ils reconnurent en outre et disent
» que les susdits seigneurs et leurs successeurs ont et doivent
» avoir la *corvée* et l'*ost* (²), actuellement et à tout jamais dans
» le bourg et la ville du Bugue et dans leurs dépendances, abso-
» lument comme ils les ont et doivent les avoir dans le château
» de Limeuil, excepté les meuniers, forgerons et autres hom-

(¹) **Marie de Commarque**, dont j'ai déjà parlé.

(²) Tout le monde sait ce que c'était que la corvée. *Le droit d'ost* consistait dans la faculté, de la part du seigneur, d'exiger que les habitants du lieu marchassent à la guerre, avec lui, pendant un certain nombre de jours.

» mes de l'abbesse. Il fut en outre convenu, entre les parties
» susdites, que l'étang traversé par le pont, ainsi qu'il se com-
» porte, et ce pont lui-même, seront réparés par ladite ab-
» besse, le célérier et le couvent, et qu'ils les tiendront réparés
» de telle sorte que les passants ne puissent encourir quelque
» péril, à l'occasion et par le mauvais état dudit pont. Item,
» il fut convenu que le fief ou propriété que le seigneur Elie
» Bourgogne de Limeuil, chevalier, avait ou était présumé
» avoir autour dudit pont, sera acquis au domaine du couvent
» du Bugue; de manière cependant que ladite abbesse le tienne
» du fief du seigneur de Limeuil, *à un denier de rente:* Item,
» que s'il arrivait que lesdits seigneurs ou quelqu'un d'eux vins-
» sent audit lieu du Bugue, qu'ils soient reçus, dans le couvent ou
» dans les maisons en dépendant, bel et bien et sans difficulté.
» Item, il fut convenu que lesdits seigneurs connaîtront, dans
» ledit lieu, du *meurtre* et du *vol*, sauf les quatre cas infimes
» des *cuisiniers*, des *boulangers*, des *bouchers* et des *taverniers*,
» dont il est constant que la justice appartient pleinement
» audit monastère. Fait le 2 des nones de mai (le 6 mai
» 1264) (¹). »

Comme on le voit, cet acte jetait dans l'oubli toute l'existence du couvent, depuis 964, au profit des prétentions des seigneurs de Limeuil, dont la persistance à s'en faire proclamer les fondateurs, gardiens et défenseurs, cent ans environ après la belle équipée de Guillaume de Gourdon, me paraît de nature à confirmer dans l'idée qu'ils durent leur première élévation à l'ancien centenier, devenu puissant à l'abri du château; qu'ils contribuèrent à la réédification de cet établissement, et s'attachèrent même à lui rendre sa splendeur primitive, dans le but

---

(¹) Bibliothèque impériale, papiers Leydet. — Les quatre cas infimes appartenaient à ce qu'on appelait la *basse justice*, tandis que le meurtre et le vol dépendaient de la *haute justice*.

d'en acquérir du relief à la fois et d'en accroître leur pouvoir, ainsi qu'ils finirent par y parvenir. Cet acte, du reste, tout en révélant la conduite captieuse des seigneurs de Limeuil, est du plus haut intérêt pour l'histoire du Bugue, et concourt à nous apprendre comment cette localité finit par subir l'action de la féodalité.

CHAPITRE TROISIÈME.

La féodalité et les établissements religieux. — La ville et le bourg du Bugue. — Le mouvement littéraire et religieux des xiie et xiiie siècles.

Au moment de la vente de 964, nous avons vu ce chef-lieu de centaine qualifié du nom de ville. Plus tard, le polyptyque parle tour à tour de la ville et du bourg. Dans l'acte qu'on vient de lire, il est également question du bourg et de la ville ; les actes des premières années du xive siècle donneront encore au Bugue le nom de ville ; mais le nom de bourg finira par prévaloir, avec son acception moderne. D'où vient cela ? c'est ce qui s'explique par la marche même des choses, durant le moyen-âge.

Pendant que les fonctionnaires de toutes les conditions et les riches possesseurs ou propriétaires construisaient, comme je l'ai dit, des châteaux, des forteresses, sous le prétexte de se créer des retraites contre les Normands, mais, en réalité, dans le but de s'affranchir de l'autorité royale méconnue et dégénérée, les établissements religieux prenaient aussi leurs mesures pour se mettre à l'abri des coups de main et des violences.

Depuis long-temps, ces établissements jouissaient du droit d'asile et avaient été affranchis de la juridiction séculière [1].

---

[1] Voyez le *Recueil des Historiens de France*, t. vi, p. 674 et 679 ; t. viii, p. 355 et 675, etc., etc.

Tant que l'autorité royale put dominer la situation, ces immunités leur suffisant, ils n'eurent pas recours à des moyens extralégaux pour les conserver; mais quand ils virent de toutes parts le pays se hérisser de donjons et de forteresses, l'inquiétude ne tarda pas à les gagner, et dès-lors ils durent songer à se mettre en défense.

Déjà, depuis environ le milieu du ixe siècle, le droit d'asile et l'exemption de la justice séculière avaient attiré près d'eux un certain nombre de familles, venues chercher la tranquillité sous leur protection. Un fossé tracé autour de ces habitations, groupées d'elles-mêmes à l'entour du couvent, commença par donner quelque sécurité, sécurité qui grandit encore au moyen des palissades et des portes fortifiées. Ces premiers éléments de résistance, joints à ceux que le temps et les circonstances permirent d'employer pour compléter la défense, constituèrent ce qu'on appela le *bourg* dans les villes et les localités où se trouvaient des couvents ([1]).

Le couvent du Bugue n'était pas un couvent ancien par rapport aux événements qui nous occupent, et les choses ne durent pas exactement se passer pour cet établissement comme pour ceux qui remontaient à une époque antérieure. D'ailleurs, sa construction au milieu d'une petite ville ne le permettait pas; mais il n'est pas douteux que là, comme partout ailleurs, il se groupa des maisons autour de l'établissement appelé à les protéger, et que cet établissement, en voyant le péril grandir rapidement, sentit le besoin de se tenir en garde contre les surprises, contre le mauvais vouloir, et de défendre ceux qui étaient venus implorer sa protection. Il eut donc, bon gré, mal gré, à prendre des précautions, c'est-à-dire qu'il fut obligé d'avoir re-

---

([1]) **Témoin le bourg** du Puy-Saint-Front, à Périgueux, qui produisit la ville moderne.

cours à des moyens de défense appropriés au lieu. Le nom de bourg donné à une partie de la ville, les détails fournis par le polyptyque, les débris du passé, encore debout il n'y a pas bien long-temps, mais qui s'en vont petit à petit, la tradition, etc., ne laissent pas de doute à cet égard. Quelle était l'étendue de ce bourg ? Par quel système de défense était-il protégé ? C'est ce que je vais essayer d'expliquer.

Le polyptyque parle, en plusieurs endroits, de *portes* et de *fossés ;* mais il ne fournit aucun détail à ce sujet, à part le nom d'une porte, qu'il appelle *la porta Retglar*. En outre, il se tait complètement sur la disposition de l'emplacement occupé par le monastère et ses dépendances. Les détails qu'on va lire ne reposent, il est vrai, que sur des souvenirs soigneusement recueillis et sur un examen attentif des lieux ; mais, s'ils ne réunissent pas une exactitude rigoureuse, ils en approchent beaucoup.

Tout porte à croire qu'avant d'avoir été brûlés par Guillaume de Gourdon, le couvent et ses dépendances occupaient le terrain borné par le ruisseau, la rue du Pont, jusqu'à l'embranchement de la rue Bastière, en passant au nord de l'antique maison Rey-Lagarde et gagnant le cul-de-sac qui aboutit à la Grande Rue, entre la rue Bastière et la rue du Pont, la Grande Rue, en allant vers la Vézère jusqu'au Roc-de-Carrière, la ligne oblique aboutissant du Roc-de-Carrière au Dôme, sur les fondements duquel a été bâti l'hôtel Larrue, et la Vézère jusqu'à l'embouchure du ruisseau. Ce terrain assez irrégulier avait donc pour défenses naturelles, au midi la Vézère, à l'ouest le ruisseau, au nord et à l'est un fossé qui le contournait. On pénétrait dans l'intérieur par quatre portes. L'une qui s'ouvrait contre le pont, et dont il reste encore quelques traces ; l'autre à l'angle de la Grande Rue et de la rue passant par le cul-de-sac dont je viens de parler, ayant son ouverture dans la direction de la Farge; la troisième au Roc-de-Carrière, faisant face à la rivière, et la quatrième près de la rivière, conduisant à l'église de St-Sulpice. Quelle était la partie de ce terrain qu'occupait le monastère proprement dit? C'est ce qu'il n'est pas facile de préciser. Je suis cependant disposé à croire qu'il avait été bâti sur la limite nord. Quoi qu'il en soit, c'est dans l'enceinte dont je viens de donner la description que s'était développé le bourg, qui finit par déborder et s'étendre jusqu'en dehors des fossés.

Il est très probable qu'après l'incendie, la disposition des lieux se modifia plus ou moins, et que le monastère ne se reconstruisit pas exactement sur le terrain qu'il avait primitivement occupé, ou du moins que les nouveaux bâtiments n'affectèrent pas exactement les formes de l'ancien couvent. Tout donne à supposer cependant qu'il n'y eut pas un déplacement complet, et que les changements opérés portèrent plutôt sur les détails que sur l'ensemble des constructions, dont d'ailleurs il n'est pas possible de se faire la moindre idée, faute de renseignements. Toutefois, une porte restée debout, dans la rue du Pont, et l'état de la vieille maison Rey-Lagarde, non encore démolie, me donneraient à penser que le couvent proprement dit et ses principales dépendances occupaient, en tout ou en partie, le long de la rue du Pont, le terrain compris entre l'ancienne maison Périgord et le ruisseau ; que la chapelle n'était autre que la maison Rey-Lagarde, autour de laquelle se groupaient les logements du chapelain, du célérier, etc., etc. (¹).

Il resterait maintenant à raconter ce qui se passa depuis l'in-

---

(¹) **Pour acquérir des idées certaines sur ce que pouvait être le couvent à cette époque**, il faudrait faire des fouilles sur l'emplacement même, et les diriger avec une minutieuse attention, ce qui est de toute impossibilité dans l'état actuel des lieux et avec les moyens dont on pourrait disposer.

cendie jusqu'en 1264; mais les grands événements accomplis pendant cet espace de temps absorbaient tellement l'attention générale, que l'histoire garde le silence sur les détails de la nature de ceux qui pourraient avoir trait au Bugue, et que tout ce que l'on peut faire, c'est de parler de cette localité par approximation.

Le XIIe siècle fut une époque de transformation. Pendant qu'une révolution littéraire s'accomplissait, au profit de la langue nationale déjà constituée, et prenait son essor vers l'avenir brillant qui lui était réservé, les idées religieuses, cherchant à s'épurer au milieu des épreuves les plus diverses, préludaient, par les plus terribles luttes, à la liberté d'examen, et l'esprit de nationalité commençait à se faire jour à travers tous les incidents de l'agitation féodale refoulée graduellement par les institutions municipales régénérées, à qui la Providence semblait avoir donné la mission de combattre le flot tumultueux d'une société confuse et mal assise. En Périgord surtout, la situation nous apparaît parfaitement dessinée. De nombreux et brillants troubadours chantent la gloire et les dames, et jettent, à pleines mains, au milieu du monde civilisé, les merveilleux trésors de ce riche et séduisant idiome vulgaire appelé *langue romane*, dont l'élégante harmonie fait les délices de la bonne compagnie ([1]). Des esprits ardents de toutes les conditions, des moines, des prêtres ([2]), s'engagent résolument dans la croyance albigeoise avec toute l'austérité des néophytes les plus fervents, et cherchent à réformer les mœurs, en retrempant la foi trop relâchée de leur temps. Le vieux municipe romain de Périgueux, ranimant ses souvenirs et donnant un nouvel élan à son indépendance primitive, oppose sa barrière infranchissable à l'autorité des comtes de Périgord, et, dans les deux autres villes importantes de la province, les guerres incessantes des princes

---

([1]) Raynouard. *Ch. des poés. origin. des troub.*, t. III et IV, *passim*.
([2]) Mabillon. *Analecta*, éd. in-fol., p. 483.

anglais entre eux et des grands feudataires avec ces princes réveillent des instincts d'affranchissement qui doivent se formuler en communes, un peu plus tôt ou un peu plus tard.

Au milieu de cette agitation multiple convergeant néanmoins vers le même but, il n'y aurait rien de surprenant que le Bugue eût produit quelque troubadour dont le nom sera fatalement resté dans l'oubli ; que le couvent eût vu sortir de son sein quelques-unes de ces femmes remarquables fortement impressionnables qui se crurent appelées à concourir à la régénération du monde, et quittèrent les abbayes pour aller peupler les établissements religieux fondés par les réformateurs ([1]), que le sentiment de l'indépendance native eût poussé cette petite ville à lutter contre les seigneurs de Limeuil, qui, plus adroits ou mieux servis que beaucoup d'autres, furent assez heureux pour la soumettre et la réduire à l'obéissance, qu'elle subit pendant plusieurs siècles.

Nous ne savons pas mieux ce qui se passa dans la première moitié du xiiᵉ siècle ; mais la confiscation de la Guienne sur Jean Sans-Terre, la croisade contre les Albigeois, les courses des Croisés dans le Périgord ([2]) sous la conduite de Simon de Monfort ; l'expédition du maréchal Jean Clément d'Argentan en Guienne ([3]), le siége et la prise de Limeuil ([4]) par les Français qu'il commandait ; la présence des évêques de Périgueux

---

([1]) La vie du troubadour Raimond Jordan, vicomte de Saint-Antonin, nous apprend que les Albigeois avaient des couvents. Raynouard, *Ch. des poés. orig. des troub.*, t. 5, p. 377.

([2]) L'expédition de Simon de Monfort en Périgord eut lieu en 1212. Il assiégea et prit divers châteaux, et commit beaucoup de violences et d'atrocités.

([3]) Le maréchal Jean Clément fit l'expédition de Guienne, pour soumettre la province confisquée par Philippe-Auguste en 1204, mais qui, de fait, ne s'était jamais qu'en partie soumise au roi de France. Périgueux et le comte de Périgord lui avaient fait hommage, et Bergerac était resté Anglais. (Voir *Recueil des Historiens de France*, tome XVII, pages 308 et 420.)

([4]) Limeuil fut pris en 1224. *Ibid.*

dans les conseils du roi d'Angleterre (¹), tandis que les populations de la province, ou du moins de la portion la plus importante, s'étaient prononcées pour le roi de France (²), la guerre renouvelée entre la France et l'Angleterre sous saint Louis, tout démontre assez que, durant ce demi-siècle comme pendant la dernière moitié du xii°, le Bugue ne dut pas manquer de se ressentir de ces secousses incessantes qu'éprouvait le pays, secousses qui devaient nécessairement jeter l'inquiétude et le trouble dans tous les rangs de la société et répandre beaucoup d'incertitude dans les habitudes de la vie.

CHAPITRE QUATRIÈME.

Querelles dans le couvent.—Fixation du marché. — La maison de l'Hôpital. — La Barde. — La Farge. — La justice dans la juridiction de Limeuil.

A partir de la transaction de 1264 (³), le Bugue et son couvent se trouvèrent complètement sous la dépendance des seigneurs de Limeuil, moins la basse justice, dans le bourg,

(¹) De 1200 à 1215, les évêques de Périgueux, Raimond de Castelnaud et Ramnulfe de las Tours, firent successivement partie du conseil de Jean Sans-Terre, et par conséquent se conduisirent en sens inverse de la ville et du comte. (*Rotuli curtarum in turri Lundinensi asservati*, p. 75, 198, 199, etc.)

(²) Périgueux et le comte de Périgord firent hommage au roi Philippe-Auguste en 1204, ce qui autorise naturellement à penser que tous les domaines du comte, toute la banlieue de la capitale du Périgord et leurs adhérents, dans la province, reconnurent l'autorité du roi de France.

(³) A partir de 1264, tous les renseignements sur le couvent, dont l'origine ne sera pas indiquée d'une manière spéciale, seront tirés d'un travail de l'abbé Nadaud, curé de Teyjac, canton de Nontron, vers la fin du dernier siècle, qui retrouva à Limoges la plus grande partie des papiers de l'ancienne abbaye de St-Salvador et en fit le triage, par ordre de Turgot, alors intendant de la généralité de Limoges. Ce travail est à Paris, à la bibliothèque impériale, copié de la main de l'abbé Lespine, sur la copie duquel je l'ai copié moi-même.

que nous avons vue appartenir à ce couvent. Nous ne savons rien de précis de 1264 à 1278. Cette année, il y eut un compromis, devant Pierre Dupuy, juge royal, pour le roi d'Angleterre, en sa sénéchaussée de Périgord, entre Marie de Commarque, toujours abbesse, et non plus tous les frères Bouville, mais seulement deux d'entre eux, appelés, mal à propos, tous les deux Bernard, d'après l'extrait fait par le chanoine Leydet ([1]), attendu qu'un acte de 1272 ([2]) porte que l'un d'eux se nommait Gérard. Il n'est pas dit, du reste, en quoi consistait le compromis. Nous savons seulement qu'il fut signé au Bugue, le lundi après la saint Hilaire (17 janvier).

L'abbesse Marie de Commarque vivait encore en 1291 et donna des biens en emphythéose, cette même année, conjointement avec le célérier du couvent. Mais elle ne tarda pas à mourir, car celle qui lui succéda, appelée Mathe de Montaut ([3]), figure dans un acte daté du mardi après le premier dimanche de carême (15 février 1294). Par cet acte, le prieur et le couvent de Saint-Cyprien donnent des cens et des rentes au monastère. Au mois d'octobre 1295, un chanoine, sans qu'on dise d'où, ni son nom, en considération des bienfaits qu'il avait reçus de Marie de Commarque, et eu égard à l'état de pauvreté où se trouvait le couvent, résigna, entre les mains de l'abbesse et des religieuses, ses deux prieurés de Saint-Cirq ([4]) et de Montmadalès ([5]). Dans le courant de l'année 1294, les Français, sous la conduite de Charles de Valois, étaient venus en Guienne combattre les Anglais et s'emparer de la province. Il est probable qu'au milieu de la lutte, qui dura plus d'un an, le couvent avait eu à souffrir, peut-être des deux parties.

([1]) Bibl. imp., papiers Leydet, 2e recueil.
([2]) Bibl. de Wolfenbuttel. *Hommage de Guienne*; mss. du temps.
([3]) De la maison de Montaut, de Mussidan.
([4]) St-Cirq, canton du Bugue.
([5]) Montmadalès, canton d'Issigeac.

En 1300, les frères Grimoard et Guillaume de Vallas vendirent à Renaud de Pons, seigneur de Bergerac et de Montignac, leur domaine de Vallas, situé dans la paroisse de Saint-Sulpice du Bugue, pour la somme de vingt-cinq livres de monnaie courante (¹).

En 1302, une contestation s'éleva entre l'abbesse Mathe et les religieuses ; ces dernières se plaignaient d'être mal nourries. De part et d'autre, on prit des arbitres, et, par composition du lundi après l'Exaltation de la Croix (17 septembre 1302), il fut décidé que l'abbesse percevrait tous les revenus en blé, vin, etc., et qu'elle fournirait aux religieuses un setier de méture de cent livres par semaine, dont tous les jours une livre à l'heure de tierce (9 heures du matin) à chacune d'elles ; qu'on ne ferait le pain qu'une fois par semaine, de la saint Michel à Pâques, et deux fois le reste de l'année ; que l'abbesse donnerait aux religieuses, *sœurs* et *frères* du monastère, un *pain de froment de la valeur de six deniers,* les jours de Noël, saint Etienne, des Rois, de Pâques, Pentecôte, l'Assomption, la Toussaint, saint Martin et sainte Catherine. *Un pain de froment de la valeur de quatre deniers,* le veille de Noël, le jour de la fête de saint Jean l'Evangéliste, le jour de la Circoncision, le jour de la fête de saint Marcel, le jour de la Purification, la veille de Pâques, le jour de l'Ascension, la veille et le lundi de Pentecôte et la veille de la Toussaint. *Un pain de trois deniers,* le jour de la Septuagésime, le mercredi des Cendres, les jours de saint Benoît, de l'Invention de la Croix, de saint Jean-Baptiste, de la Transfiguration, de la Décollation de saint Jean-Baptiste, de la Nativité de la Vierge, de l'Exaltation de la Croix, de saint Luc, de saint

---

(¹) Ces de Vallas étaient donc du Bugue, et comme Audinos de Vallas, la seconde abbesse connue, appartenait incontestablement à cette famille, il faut en conclure que cette seconde abbesse était originaire du Bugue.

Front et le premier jour de l'Avent. *Un pain de deux deniers,* les jours de l'Annonciation, de sainte Madeleine, de saint Michel et des quatre couronnés (8 novembre) ; une livre de pain, moitié seigle, moitié froment, tous les jours de l'Avent et du Carême. Un pain de froment d'une livre tous les dimanches de Carême, le dimanche des Rameaux, le lendemain de Pâques et de la Toussaint, tous les dimanches de l'Avent. La veille de sainte Catherine, une livre de seigle pur et une livre de méture, sans plus. Elle devait leur donner du vin appelé *grunada*, de la saint Michel à Noël, et aux fêtes indiquées ci-dessus, de trois brocs à un (de 15 à 5 litres environ). Quant à la pitance, elle donnait à chacun, tant aux présents qu'aux absents, vingt sols par an, payables en quatre pactes, un quarton de fèves (1/3 d'hectolitre) et deux poignées de froment. On voit, par ces détails, que la vie de couvent, alors comme aujourd'hui, n'était pas sans douceur, et que, pour un établissement regardé comme pauvre sept ans auparavant, le monastère du Bugue ne manquait pas de commodités suffisantes pour ceux qui l'habitaient, car, pour le temps dont il s'agit, les détails que je viens de rapporter ne laissent pas que d'être remarquables.

Notre abbesse vivait encore en 1306 ; mais elle était remplacée en 1315 par Marie de La Parre. Celle-ci, en 1318, d'accord avec quinze de ses religieuses, donna certains revenus à deux de leurs sœurs, leur vie durant, ce qui amena une rupture entre les donatrices, la prieure et deux autres religieuses. Ces trois dernières prétendirent que l'abbesse n'était pas en état d'administrer le monastère. Sur leurs plaintes, l'archiprêtre et un commandeur de l'hôpital, ayant été choisis pour arbitres, décidèrent que l'abbesse aurait soixante livres par an, dont quarante livres moitié en blé, moitié en vin. La moitié des chapons et des poules de rente, la moitié des émoluments du sceau, l'acapte (¹), quinze charges de foin, la jouissance des jardins, vergers et chenevières. Le couvent devait d'ailleurs supporter les charges accoutumées, savoir : les droits de procuration (²) dus à l'archevêque, à l'évêque, à l'archidiacre, à l'archiprêtre, avec une réception convenable, payer les dettes passées et futures. Il est dit, en outre, que le nombre des religieuses ne devait pas dépasser seize.

L'official de Périgueux étant intervenu, de son côté, dans cette querelle, on ne dit pas à quel titre, mais très certainement comme juge de second ressort, rendit une autre ordonnance, par laquelle l'abbesse devait avoir le tiers des revenus en blé, vin et argent (les revenus de l'abbaye étaient estimés valoir plus de trois mille sols en argent (³) ; et comme le couvent était endetté, elle était obligée de donner dix livres, par an, pour l'aider à acquitter ses dettes. Il devait y avoir une lampe allumée dans le dortoir. Les religieuses ne pouvaient dépasser la porte sans permission de l'abbesse ou de la prieure, et sans être deux. Pas une d'elles n'avait le droit de parler à un homme, s'il n'était son parent au moins au quatrième degré, et s'il n'y avait deux assistantes.

Il ne leur était permis de manger ni de boire en ville que dans le cas où elles y soigneraient quelque parent malade. Le sceau du couvent devait être enfermé sous trois clefs, dont une était confiée à la prieure, l'autre à la sacristaine et la troisième

---

(¹) L'acapte était un droit qui se payait par le tenancier, tantôt seulement à chaque changement de seigneur, tantôt à chaque changement de seigneur et de tenancier.

(²) C'est ce qu'on appelait vulgairement le *droit de gîte*. Ces droits de procuration imposaient à l'établissement qui les devait, l'obligation de loger et d'héberger l'archevêque, l'évêque, l'archidiacre ou l'archiprêtre, avec toute leur suite, lorsqu'ils le visitaient. Cet usage entraîna de tels abus que les papes eux-mêmes eurent bien de la peine à les faire cesser.

(³) C'est-à-dire plusieurs fois cette somme de notre monnaie actuelle.

à une ancienne. L'abbesse n'avait que le contre-sceau. A la mort d'une religieuse, tous ses biens appartenaient au couvent. Comme dans le règlement précédent, elles ne pouvaient être que seize, sans le consentement de l'évêque. Les règlements faits par l'abbesse ne devaient valoir que pendant sa vie. La porte par où entraient le vin, la vendange et autres subsistances devait être tenue soigneusement fermée. Cependant l'abbesse et seulement douze de ses adhérentes, ne voulant pas de ce règlement, firent appel au souverain pontife ; mais on ne dit pas quel fut le résultat de cet appel.

Pour ceux qui n'ont vu l'histoire des couvents qu'à travers le prisme des chroniques religieuses, toutes ces mésintelligences, toutes ces rivalités, toutes ces agitations de cloître paraîtront à peine croyables ; mais si l'on veut bien se reporter à l'époque, étudier les faits dans tous leurs détails, et examiner avec attention ce qui se passait, depuis environ un siècle et demi, on comprendra sans peine que l'insubordination, le relâchement des mœurs, l'incrédulité même se fussent plus ou moins glissés jusque dans les établissements religieux, où l'individualité humaine, paralysée dans son action sur elle-même, subit une pression extérieure qui lui sert de direction, et réveille en elle des passions factices. N'avait-on pas vu, à la fin du xiie siècle, quatre abbés élus à la fois et fonctionnant en même temps, à Tourtoirac (¹) ? Vers le milieu du xiiie, deux ou trois abbés ne s'étaient-ils pas disputés l'abbaye de Sarlat (²), et, s'il faut en croire les documents recueillis par Etiennot, l'un d'eux n'avait-il pas été tué par les moines, pendant qu'il officiait dans son église (³) ? Mais

---

(¹) Chron. du prieur du Vigeois. L'abbé : *Nova bibl. mss.*, t. II, p. 328.

(²) M. Audierne : Histoire de la ville de Sarlat, *Calendrier administratif de* 1837, p. 193, ne parle que de deux. Le chanoine Tarde, dans sa chronique, assure qu'il y en avait trois se disputant l'abbaye, devant le saint-siège, en 1260.

(³) Papiers du chanoine Leydet, à la bibl. impériale de Paris. Selon le passage, la date de l'assassinat serait de 1263.

laissons de côté ces affligeantes épreuves que la société subit périodiquement depuis tant de siècles, sans avoir le courage ou la volonté de s'en affranchir, et occupons-nous d'un autre ordre d'idées.

Le polyptyque parle, en plusieurs endroits, de la maison de l'Hôpital, des Hospitaliers, et nous avons vu qu'un commandeur fut choisi pour arbitre, en 1318. Il n'est donc pas douteux qu'il y avait au Bugue, au XIIe siècle, un établissement des frères Hospitaliers. Où était placé cet établissement, c'est ce que je ne saurais dire d'une manière formelle ; mais une habitation fort heureusement exposée sur le coteau, en face de la plaine, habitation qui porte encore le nom d'Hôpital, m'a toujours donné à penser que l'établissement des Hospitaliers devait être là.

Il est souvent question, dans le même polyptyque, des ouvroirs ou ateliers, des maisons situées sur la place, etc. J'ai déjà expliqué comment la localité constituait à la fois une ville et un bourg. Tout cela prouve assez que le Bugue était un centre d'une certaine importance, où dut, de très bonne heure, s'établir un marché. Lors donc que nous n'aurions pas la preuve de ce marché, nous devrions y croire comme conséquence forcée de l'état des choses. Mais cette preuve est parvenue jusqu'à nous. Ce sont des lettres royales de 1319, dont voici la traduction :

« Philippe, par la grâce de Dieu, roi de France et de Navarre,
» faisons savoir à tous présents et à venir que, comme notre
» cher et féal chevalier Pierre de Galard, maître de nos arba-
» letriers, nous eut instamment supplié de vouloir bien fixer au
» mardi de chaque semaine un marché qui se tenait irrégulière-
» ment tantôt un jour, tantôt un autre, dans sa ville du Bugue,
» sénéchaussée de Périgord, nous eussions ordonné de nous in-
» former si ce changement pouvait se faire, sans préjudice ni

» dommage pour nous, tout autre, ou les marchés voisins, et
» que nous eussions fait vérifier, par l'enquête faite de notre
» commandement, sur cet objet, et à nous apportée, qu'il est
» constant que nul dommage ni préjudice ne peuvent être en-
» gendrés, pour nous ni pour les autres, de cedit changement,
» nous avons trouvé bon de concéder, par la teneur de ces pré-
» sentes, et de notre grâce spéciale, le changement demandé,
» voulant que ledit marché, avec toutes ses conditions d'être,
» pendant qu'il se tenait irrégulièrement, tantôt un jour, tantôt
» l'autre, soit perpétuellement tenu le mardi de chaque semaine,
» dans ladite ville. Et, afin que cela demeure chose ferme et
» stable dans l'avenir, nous avons fait apposer notre sceau à ces
» présentes lettres, sauf notre droit et celui d'autrui en toutes
» choses. Fait à Braie-sur-Seine, l'an du Seigneur mil trois cent
» dix-neuf, au mois de novembre ([1]). »

Ce document est formel; nous verrons pourtant, au XVIIe siècle, un seigneur de Limeuil essayer de dénaturer l'origine de ce marché.

Jusqu'à présent, je n'ai pas parlé de la Barde d'une manière spéciale; mais les détails qui précèdent et le fait d'un certain nombre de religieuses portant successivement ce nom prouvent assez qu'une famille s'était très anciennement établie sur ce point. Etait-ce un château qu'elle y avait bâti? Evidemment non; la disposition des lieux ne permet pas de le supposer. Selon toute apparence, la Barde n'avait été dans le principe et n'était encore au XIIIe et au XIVe siècles qu'un simple manoir occupé primitivement par un de ces *possesseurs* ou *propriétaires*,

---

([1]) Archives de l'empire, sect. hist., Reg. du tr. des ch., coté 59, pièce 138. Il existe pourtant à la préfecture un travail statistique, fourni par le maire du Bugue, en 1822, dans lequel on affirme que ce titre ne se retrouve plus, parce qu'il a été brûlé pendant la révolution.

débris de la hiérarchie sociale romaine, que leur richesse sauva de la servitude de la glèbe, au moment de la révolution féodale, et qui, plus tard, ayant grandi petit à petit au milieu du nouvel état de choses, finirent par se faire une place dans la hiérarchie nobiliaire. Le sommet du coteau, à l'ouest de la Barde, appelé *Castelnaut*, en est la preuve vivante. Ce point appartint toujours au maître de la Barde, et le nom de Castelnaut, qui signifie château élevé et non pas château neuf, comme on le croit trop généralement, constate que le possesseur de la Barde eut aussi son château. Du reste, la Barde elle-même finit par recevoir ce nom.

Dans le polyptyque, il est aussi question de la maison de la *Farge*, qui est le nom porté par le faubourg où se tient le marché aux bœufs. La farge ou forge, fonctionnant encore sur ce point au xviiie siècle, existait donc au xiie et très probablement avant.

Un meurtre commis au Bugue même, vers 1330, nous fournit le moyen de nous faire une idée de la manière dont on rendait la justice, à cette époque, dans la juridiction de Limeuil.

Jean du Solier, accusé d'avoir tué de guet-apens Pierre-le-Barbier, avait été arrêté et mis en prison à Limeuil. Pendant que son procès s'instruisait, il s'était échappé et soustrait à l'autorité de la justice seigneuriale. Cette fuite lui avait valu d'être condamné, par contumace, au bannissement, avec défense de rentrer dans la terre et seigneurie de Limeuil. Plus tard, des amis ayant intercédé pour lui, Pierre de Galard, alors encore seigneur de ce lieu, lui avait accordé des lettres de grâce, au moyen desquelles il était rentré au Bugue. En apprenant son retour, la femme et la fille de Pierre-le-Barbier avaient porté une nouvelle plainte contre lui, et le poursuivaient de nouveau devant le juge de la juridiction. A l'audience, elles comparurent en personne et formulèrent elles-mêmes leur plainte. Gérard du Solier, frère de Jean, se présenta pour ce dernier, et combattit l'accusation. Après les débats, le juge, ayant examiné les faits *avec des hommes experts en la matière (cum peritis)*, rendit son jugement et acquitta l'accusé, déclarant solennellement qu'il n'était pas coupable du crime à lui imputé. Ce jugement, rendu le 8 mars 1333, fut homologué par Pierre de Marmende, sénéchal de Périgord, le 3 mai suivant, et définitivement confirmé par le roi, en février 1334 ([1]). De sorte qu'il se passa près d'un an depuis l'acquittement prononcé à Limeuil jusqu'à l'obtention des lettres royales qui l'approuvaient.

CHAPITRE CINQUIÈME.

L'intérieur du couvent. — Ses dépendances jusqu'à la fin du xve siècle.

Nous avons laissé Marie de La Parre et ses douze adhérentes, ayant fait appel au pape, sans en connaître le résultat. Il est à croire que cette abbesse ne survécut pas long-temps à cet appel, et que sa mort mit fin aux querelles religieuses; ce qui expliquerait naturellement pourquoi le pape n'eut pas à se prononcer sur ces querelles.

L'abbesse qui remplaça Marie de La Parre avait nom Bertrade de La Roque. On la trouve en fonctions dès 1325. A la différence de Marie, elle vécut sans doute en paix avec son troupeau, car rien ne permet de supposer qu'il soit survenu la moindre mésintelligence dans le couvent, durant son administration. Elle vivait certainement encore en 1335, et même

---

([1]) Arch. de l'empire, Reg. du tr. des ch., coté 66, pièce 1331.

quelques années plus tard, puisque Gemberge de La Roque, qui lui succéda, et qui très probablement était sa parente, ne nous apparaît dans l'exercice de ses fonctions qu'en 1342. Comme Bertrade, Gemberge gouverna sans bruit et sans éclat, jusque vers 1353.

Après elle, vint Raymonde Raoul, que nous voyons acenser des biens en 1354, et en 1357, nommer une de ses religieuses au prieuré de Saint-Sulpice de Marnac, diocèse de Sarlat (1). Elle siégeait encore le jeudi après la fête de saint Mathieu (22 septembre 1362) ; mais elle mourut bientôt après. A sa mort, la prieure et le couvent, d'un commun accord, désignèrent le mercredi avant la fête de saint Luc (12 octobre) pour procéder à l'élection de la nouvelle abbesse. Ce jour-là, au moment où, toutes réunies dans le chœur, elles se disposaient à commencer l'opération, d'un commun accord, elles firent un compromis, par lequel sœur Bernarde de Cornu fut chargée de désigner l'une d'entre elles, sur laquelle le couvent porterait son choix. Elle proposa Jeanne de La Roque, prieure de Saint-Cirq, qui avait l'âge voulu et les qualités requises en pareil cas, parmi lesquelles on remarque qu'elle était née d'un mariage légitime. La communauté l'agréa, l'intronisa sur-le-champ, et dans le cours de la même année, le siège apostolique, vacant par la mort d'Innocent VI, la demande de confirmer cette élection et de donner la consécration à la nouvelle abbesse fut adressée à Pierre Tizon, alors évêque de Périgueux, qui sans doute s'empressa d'y adhérer, puisque Jeanne de La Roque occupa le siége abbatial, pendant de longues années, sans aucune difficulté.

En 1364, conjointement avec trois religieuses et deux pré-

(1) Commune du canton de Saint-Cyprien, sur la rive gauche de la Dordogne.

bendés du couvent, elle transigea pour des rentes qu'un vassal devait au couvent.

Guillaume Raymond de Veyrines (¹), damoisel, en 1385, se reconnut débiteur de religieuse dame Jeanne de La Roque, humble abbesse du monastère du Bugue, pour une somme dont le chiffre n'a pas été conservé.

Cette abbesse, encore à la tête du couvent en 1396, ne cessa très probablement de le gouverner qu'au commencement du xve siècle.

Sa succession fut recueillie par Pétronne de Cornu, parente sans doute de Bertrade, que nous avons vue désigner Jeanne de La Roque au choix des religieuses, en vertu d'un compromis.

Le premier et le seul acte connu de Pétronne est du 19 février 1414. Il constate que le couvent avait alors besoin de beaucoup de réparations. Ce fait, que les événements accomplis, depuis plus d'un demi-siècle (²), expliqueraient suffisamment quand bien même on n'en aurait pas d'autres preuves, se trouve pleinement justifié par les détails afférents à la période de temps comprise entre 1453-1461 ; détails trop précis et trop positifs pour laisser quelque doute aux yeux des esprits même les plus incrédules. Jeanne Bertin avait alors succédé à Pétronne de Cornu. Voici comment s'exprime l'abbé Nadaud :
« Il n'y avait ni calice, ni livres, ni ornements ecclésiastiques
» pour faire le service divin avec décence, et les revenus de
» l'abbaye n'étaient pas suffisants pour s'en procurer. Les guer-
» res et les mortalités avaient tellement causé de ravages qu'il
» ne restait plus que deux religieuses. En un mot, l'établisse-
» ment touchait à sa ruine. »

(¹) Ce Guillaume Raymond ne peut être autre que Guillaume Aramond de Veyrines, fils de Bernard de Veyrines, chevalier, seigneur de la Barde, près du Bugue, qui épousa, en 1382, Philippe, fille de Dorde de Limeuil, seigneur de Sainte-Alvère. (Bibl. imp., papiers Lespine.)
(²) Voyez le chapitre suivant.

Dans l'espoir d'arrêter le mal, et pour contribuer, autant qu'il était en lui, à rétablir les affaires du couvent, le 31 août 1465, Hélie de Bourdeille, alors évêque de Périgueux, accorda quarante jours d'indulgences aux fidèles dont la charité concourrait à réparer ce désastre.

Les documents qui nous restent ne nous apprennent pas quelles furent les conséquences de cette tentative; mais tout porte à croire que la voix du pasteur ne fut pas entendue ou du moins qu'on n'usa que très modérément de ses indulgences.

Il est bien vrai que l'année suivante, Jeanne acensa des *domaines*, du consentement du célérier et de *deux religieuses conventuelles*, AU NOM DE TOUTES LES AUTRES! mais comme ces domaines ne sont pas spécifiés, et que cette formule : *du consentement de deux religieuses, au nom de toutes les autres*, n'était qu'une façon de parler, destinée à dissimuler la pénurie de nonnes toujours réduites à deux; comme en outre nous verrons le couvent, quarante-deux ans après, dans un état de délabrement aussi complet que du temps de Jeanne, malgré de nombreuses acquisitions attribuées à l'abbesse qui lui succéda, il n'est pas déraisonnable de penser que le public se montra très peu empressé.

Le 23 mai 1467, Jeanne donna le prieuré de Marnac à Marguerite Bertin, sa nièce, religieuse professe du monastère, l'une des deux sans doute dont il est question plus haut, et depuis abbesse à sa place.

Jeanne siégeait encore en 1474; mais elle se démit bientôt après. On la voit figurer dans un acte du 6 février 1476 avec cette désignation : *Jadis abbesse, actuellement pensionnaire.*

Marguerite Bertin était donc abbesse au plus tard en 1476, et peut-être en 1475. Comme je l'ai rapporté plus haut, on prétend qu'elle fit beaucoup d'acquisitions en 1477 et dans le cours des années suivantes; cependant, en 1508, le monastère était en ruines, c'est-à-dire, ainsi que je l'ai déjà fait observer, que quarante-deux ans d'efforts n'avaient pas produit d'amélioration sensible. Que penser de ces résultats négatifs, sinon qu'ils étaient comme les symptômes précurseurs des grandes agitations religieuses du xvie siècle?

Il faut dire néanmoins, qu'en 1520, d'accord avec le syndic du couvent, elle acensa des biens, et, de plus, qu'elle plaida et eut de vifs débats avec le seigneur de Limeuil, pour soutenir ses droits et ceux de son abbaye ; mais tout cela, loin de prouver qu'avant sa mort, arrivée vers la fin de 1520 ou dans les premiers mois de 1521, elle eût réussi à rétablir un peu les affaires du couvent, semble au contraire démontrer que les choses y allaient de mal en pis.

Par quel fatal concours de circonstances cette abbaye, si largement dotée dès l'origine, si riche encore au xiiie siècle, comme le constate le polyptyque, tant de fois cité, arriva-t-elle progressivement à cet état de décadence? C'est ce dont on trouvera des raisons plausibles, sinon l'explication catégorique, dans le chapitre suivant. Mais, pour qu'on puisse se faire une plus juste idée des terribles effets de la chute, voyons quelles avaient été les possessions de notre monastère.

Si le polyptyque était dans un bon état de conservation, il n'y aurait qu'à le reproduire ; par malheur, mutilé ou effacé qu'il est en beaucoup d'endroits, et rongé en d'autres, on ne peut souvent saisir le sens des phrases ni lire les noms des redevables, terres, maisons ou domaines sur lesquels étaient assises les redevances, ni le chiffre auquel elles s'élevaient. Dans cet état des choses, il faut donc forcément procéder d'une autre manière.

Indépendamment de la dotation constituée par Adélaïde, lors de la fondation du couvent, les religieuses de Saint-Salvador avaient des revenus considérables dans les paroisses du Bugue, de Limeuil, de Cabans, de Saint-Chamassy, de Campagne, de Veyrines, de Cendrieux, de Saint-Cirq, de Journiac, de Mauzens, de Saint-Avit, de Paunat, de Tayac, d'Audritz, de Grandcastang, de Trémolat, de Sagelat, de Carvès, de Saint-Germain, de Sireuil, de Berbiguière, de Lussac, de Manaurie, de Marnac, de Bartz, de Saint-Léon-sur-Vézère, de Sainte-Alvère, de Mortemar, d'Aillac et de quelques autres dont le nom est déchiré ou illisible. Ces revenus se percevaient les jours de la Circoncision, de l'Epiphanie, de saint Marcel (16 janvier), de saint Sulpice (29 janvier), de la Septuagésime, de Carême prenant, des Rameaux, de Pâques, de l'Invention de la Croix (le 3 mai), de l'Ascension, de la Pentecôte, de saint Jean-Baptiste, de saint Martial (30 juin), de sainte Madeleine (22 juillet), de l'Assomption, de la Nativité de la Vierge (8 septembre), de saint Julien (¹), de saint Michel, de saint Luc l'Evangéliste (18 octobre), de la Toussaint, de saint Martin et de la Noël.

Ils étaient payés en argent, en nature ou en travail.

L'abbaye possédait en outre divers prieurés, celui de Saint-Cirq, celui de Marnac, celui de Montmadalès, etc.

Il est incontestable que, même avant la fin du xive siècle, elle s'était trouvée diverses fois obligée d'aliéner, sans doute pour des besoins urgents de reconstruction ou de réparations, à la suite de l'incendie allumé par Guillaume de Gourdon. Le polyptyque en fait mention; mais il est probable que la guerre avec les Anglais, commencée dès les dernières années de ce siècle, et continuée, à quelques intermittences près, jusqu'en 1453, avec les désordres qui en étaient la suite inévitable, furent la

---

(¹) Quoique le calendrier, au lieu d'indiquer la fête de saint Julien dans le mois de septembre, entre la Nativité de la Vierge et la saint Michel, la place au 27 janvier, j'ai cru cependant devoir suivre l'ordre adopté par le polyptyque, qui deux fois indique les recettes à faire le jour de la fête de ce saint, entre la Nativité de la Vierge et la saint Michel.

cause la plus active de sa ruine, d'autant que le Périgord fut constamment le théâtre des luttes les plus animées.

CHAPITRE SIXIÈME.

Événements politiques. — Le pont du Bugue. — Guerres des xive et xve siècles (1).

A part quelques prises d'armes partielles et sans importance dans la Guienne, la paix de 1303 entre la France et l'Angleterre ne fut pas troublée pendant plus d'un tiers de siècle. La lutte ne reprit même un caractère général qu'en 1338 ou 1339. La pre-

(¹) Pour bien se rendre compte de ce qui va suivre, il ne faut pas perdre de vue que les guerres entre l'Angleterre et la France, du xiie au xve siècles, eurent pour point de départ la répudiation d'Eléonore d'Aquitaine par Louis VII, et pour prétexte les exigences féodales; que, dès le principe jusqu'à la fin du xiie siècle, ces guerres ne dépassèrent pas les proportions d'une querelle de vassal à suzerain; mais qu'au xiiie, leur nature ayant changé, quoique les idées de vasselage et de suzeraineté fussent toujours invoquées, les véritables intérêts mis en cause se dessinèrent assez nettement pour que le démêlé prît le caractère d'une lutte de nationalité à nationalité; qu'au xive siècle, les mêmes intérêts, toujours en présence, se trouvèrent compliqués d'une question de famille et de dynastie qui leur donna une gravité nouvelle, et jeta, dans le pays, le trouble, l'agitation et tous les désordres, cortége habituel de l'anarchie; que ces grandes et longues convulsions finirent par épuiser les ressources financières de la France, ruinèrent le sol mal cultivé, diminuèrent de beaucoup la population, altérèrent les croyances, pervertirent les mœurs, affaiblirent les institutions, engendrèrent les plus étranges égarements et remplirent les cœurs d'indécision, de versatilité, d'orgueil et de faiblesse; que, par suite, ce qui caractérise profondément et de la manière la plus déplorable ce xive siècle, c'est une insatiable avidité, mêlée de perfidie et de bassesse, avec absence totale de patriotisme et oubli complet des devoirs sociaux, à tel point qu'il n'y eut pas une famille du Périgord, occupant à cette époque, de funeste mémoire, une position tant soit peu élevée, dont les membres principaux ne se fissent *Anglais* et *Français* plusieurs fois dans leur vie, suivant que les rois de France et d'Angleterre, par l'entremise de leurs agents, leur offraient plus ou moins d'avantages; qu'il n'était pas rare que les évêques fussent du conseil du roi d'Angleterre, tandis que les chapitres suivaient le parti du roi de France; que les bastilles et même la plupart des autres villes devenaient tour à tour françaises ou anglaises, suivant qu'on leur promettait de plus ou moins grands

mière expédition des Anglais en Périgord ne remonte pas au-delà de 1345. Le grand maître des arbalétriers de France, Pierre de Galard, que nous avons vu faire régulariser le marché du Bugue, était mort depuis sept ou huit ans et avait laissé la seigneurie de Limeuil à son fils, Jean de Galard, qui n'était doué ni des qualités éminentes de son père, ni de son noble caractère, ni de son attachement inviolable à la monarchie. Cependant, un arrangement conclu en 1339 (¹) entre Jean et le roi Philippe, au sujet du grand maître et des affaires dont il avait eu la direction, durant l'exercice de son emploi, permit de croire un moment que le nouveau seigneur de Limeuil, par le seul fait qu'il avait pleinement adhéré à cet arrangement, n'oublierait pas les obligations que lui imposait son nom. Sa conduite même, de prime-abord, put donner à penser qu'il avait parfaitement compris toute l'étendue de ses obligations.

En 1345, l'expédition dont je viens de parler, commandée par Henri de Lancastre, comte de Derby, ayant pris la direction de Bergerac, Jean de Galard s'y était enfermé à la hâte avec la noblesse du pays; mais, à l'aide d'une bagarre survenue dans le faubourg de la *Madeleine*, les Anglais pénétrèrent brusquement dans la ville, s'en emparèrent et forcèrent presque toute la garnison à se rendre à discrétion. Jean de Galard se trouva du nombre des prisonniers.

Jusque-là tout allait pour le mieux. Le seigneur de Limeuil sans doute avait été victime de son devoir; mais enfin il s'était dignement conduit.

L'adversité est une mauvaise conseillère. Les insinuations,

privilèges (A), et que ce déplorable état de choses se perpétua pour ainsi dire toujours le même jusqu'à l'entière expulsion des Anglais du territoire national, au milieu du XV⁰ siècle.

(¹) Arch. de l'empire, Reg. du tr. des ch., coté 71, pièce 318.

(A) La capitale de la province fait seule une honorable exception. Elle suivit toujours e parti de la France.

les caresses aidant et peut-être aussi les fausses nouvelles, jointes à l'appât trompeur de promesses fallacieuses, Jean de Galard se laissa d'autant plus facilement séduire qu'il portait en lui tous les éléments d'une nature versatile et inconstante. Voici ce que nous apprennent des lettres de Philippe de Valois, par lesquelles ce roi le reçut à résipiscence, ce qui veut dire que les lettres atténuent sa faute autant que possible :

« Dans l'affaire de Bergerac, étant tombé entre les mains de nos
» ennemis, il resta long-temps leur prisonnier, sa haute position
» et sa valeur personnelle leur ayant suggéré de fixer sa rançon
» à une somme bien au-dessus de ses moyens. Cette circonstance
» leur fournit le prétexte de se répandre plusieurs fois dans ses
» domaines, sans cependant y causer de dégât, pour ne s'aliéner
» ni lui, ni sa femme, ni ceux de sa maison, qui, de leur côté,
» se montrèrent pleins d'attention pour eux, leur faisant des
» dons, leur rendant des services et ne les laissant manquer
» de rien. Enhardis par un si bienveillant accueil, ces mêmes
» ennemis bientôt après assaillirent audacieusement nos propres
» domaines, tuèrent ou firent prisonniers nos sujets, pillèrent
» les habitations, ravagèrent le pays, et, s'il faut en croire la
» rumeur publique, furent plus ou moins secondés, dans toutes
» leurs entreprises, par ledit Jean de Galard, par sa femme et
» les siens, qui les aidaient, recevant en échange une part dans
» le butin. Cette infâme conduite avait soulevé notre juste indi-
» gnation, et nous étions résolus à infliger une sévère punition
» au coupable, que nous savions déterminé à se soumettre, lui,
» les siens et ses domaines, au roi d'Angleterre, lorsque, se res-
» souvenant du serment qu'il nous avait jadis prêté et ne voulant
» pas y manquer complètement ni en prêter un autre à nos ad-
» versaires, il revint à de meilleurs sentiments et se remit sous
» notre obéissance, nous assurant de toute sa fidélité ([1]). »

([1]) Archiv. de l'emp., Reg. du tr. des ch., coté 78, pièce 69.

Je n'ai pas textuellement traduit la pièce, fort longue et fort détaillée ; mais j'en reproduis le sens exact. Il résulte de ces détails qu'après la prise de Bergerac, les Anglais s'établirent dans toute l'étendue de la seigneurie de Limeuil, et par conséquent qu'ils occupèrent le Bugue, qui, sans être un lieu fortifié, leur offrait cependant des ressources comme ils n'en auraient pas trouvé ailleurs. Il y avait, en effet alors, non-seulement les moulins appartenant au couvent, dont il a été déjà question, mais encore divers autres moulins dont parle le polyptyque. Il y avait aussi la forge, établissement d'une haute importance pour les besoins de la guerre ; et enfin la localité, placée comme elle était, devait servir de rendez-vous, à des moments donnés, aux garnisons de Limeuil, de Miremont, de Fleurac, de Campagne et même de Sainte-Alvère et Cendrieux, points nécessairement occupés à la même époque, puisqu'il est dit que la seigneurie tout entière avait été livrée à discrétion.

Jusqu'à présent, je ne me suis pas occupé d'une particularité très importante, et cependant d'autant plus digne d'attention que l'histoire la passe complètement sous silence. Je veux parler d'un pont sur la Vézère, dont il reste encore la culée de la rive droite, sur laquelle a été bâtie la prison, et trois piles aujourd'hui presque rasées, mais que j'ai vues, dans ma jeunesse, s'élevant environ de deux pieds au-dessus des basses eaux.

En examinant le reste de la culée, on reconnaît sans peine que cette construction appartient au moyen-âge ; et en calculant, sur la disposition de cette construction, l'élévation que devait avoir le tablier du pont, on n'a pas de peine à comprendre que cette élévation, aux abords de la culée, n'était pas suffisante pour échapper aux grands débordements.

L'état des lieux, sur la rive gauche, est encore plus significatif. La culée et les maçonneries destinées à la protéger avaient été sans doute exécutées avec si peu de soin que tout a été emporté et qu'on serait tenté de croire que le pont ne fut jamais fini, si la pile la plus proche n'était là pour justifier de cet achèvement.

Que faut-il conclure de tout cela ? A mon avis, plus on examine avec attention ces débris, afin de se rendre compte de la forme que devait affecter l'ensemble de la construction, et plus on doit demeurer convaincu que ce pont ne fut pas régulièrement construit. Je veux dire qu'il ne fut pas fait avec tout le soin convenable, et surtout qu'on ne lui appliqua pas toutes les ressources dont la science disposait alors ; d'où je suis porté à croire qu'il fut jeté dans un moment de presse, et pour un usage tout spécial. Cette opinion une fois admise, et certes elle ne paraîtra pas improbable, il n'y aurait rien d'étonnant à supposer que ce pont fût l'œuvre des Anglais, durant le xive siècle, qui l'auraient bâti afin de tenir constamment en rapport les garnisons de la rive droite de la Dordogne et celles des châteaux de la seigneurie de Limeuil, dont j'ai parlé plus haut. La disposition des lieux rend la chose, sinon très évidente, du moins fort présumable ; et, dès-lors, on n'a pas de peine à comprendre comment les documents du temps n'ont conservé aucun souvenir de la construction de ce pont, jeté à la hâte. Je reviens à Jean de Galard.

Son retour à la France fut-il bien sincère ? C'est ce qui semble résulter d'une pièce datée de Saint-Cyprien, le mercredi veille de la saint Jean (23 juin 1350), portant qu'il prêta de nouveau serment au roi Philippe, sur le grand autel, en présence de Roger Bernard, comte de Périgord ; d'Arnaud d'Espagne, seigneur de Montespan, sénéchal de la province, et de plusieurs autres personnes [1] ; mais nous allons voir que son dévouement se ralentit bientôt au profit de son inconstance.

Philippe de Valois étant mort moins de deux mois après cette

[1] **Archiv. de l'empire**, sect. hist., J. 190, n° 63.

nouvelle prestation de serment, et Jean lui ayant succédé, loin de se montrer empressé auprès de son nouveau souverain, Jean de Galard attendit patiemment jusqu'en 1354 à traiter définitivement avec Jean, tant pour les affaires qu'avait eues en main son père que pour celles qu'il avait dirigées lui-même, et les trois pièces qui nous restent sur cet arrangement sont de nature à ne pas permettre de douter que le roi dut lui faire plus d'une concession pour le conserver à son parti (1), qu'il ne suivit cependant pas long-temps, n'ayant même pas attendu la perte de la bataille de Poitiers par les Français (19 septembre 1356) et la capture du roi par les Anglais, pour commettre une nouvelle défection. En effet, une pièce émanée du prince de Galles, appelé vulgairement le prince Noir, à cause de son armure, et datée de Bordeaux, le 21 mai 1356 (2), nous apprend qu'il avait alors traité avec ce prince à de très avantageuses conditions, et s'était fait Anglais. Le traité de Brétigny l'ayant trouvé dans le même parti, rendit légale cette défection, sans excuser sa conduite. Il mourut avant la rupture de ce traité (1368), après avoir marié sa fille et son héritière, Marguerite de Galard, à Nicolas de Beaufort.

Au milieu de tant de troubles et de tant de désordres, on comprendra sans peine que le Bugue ne dut pas être plus épargné que le reste du pays, et que le couvent surtout, comme tous les autres établissements religieux, plus particulièrement sous la protection des rois de France, fut souvent exposé à bien des vexations, à bien des outrages et subit sans doute bien des spoliations. J'ajouterai en outre que, si l'opinion émise plus haut sur la construction du pont n'est pas contestée, je suis porté à croire que cette construction dut s'exécuter dans l'espace de temps compris entre la bataille de Poitiers et 1370, époque où

(1) Archiv. de l'emp., Reg. du tr. des chart., coté 82, pièc. 601, 661, 662.
(2) Rimer, nouv. édit. t. III, 1re partie, p. 171.

les hostilités, reprises entre la France et l'Angleterre, eurent pour conséquences le rétablissement du plat pays du Périgord et d'une partie de la Guienne sous l'autorité de Charles V (1377), à qui Nicolas de Beaufort, dès 1369, avait fait appel des violences anglaises, au nom de sa femme ([1]), et avait prêté serment en 1370, entre les mains de Louis, duc d'Anjou, frère de ce monarque, commandant des troupes en Guienne, se soumettant lui et toutes les places de sa baronnie de Limeuil, et s'engageant à faire ouvertement la guerre aux Anglais. Voici la traduction mot à mot du passage : « Et là, sur-le-champ, ledit
» Nicolas, pour lui et sa femme, livra, posa et mit sous la vraie
» et fidèle obéissance dudit notre seigneur roi et sous la nôtre,
» pour faire guerre ouverte aux ennemis susdits, lui-même
» et ses lieux et châteaux de Limeuil, de Miremont, de Clarens,
» de Cendrieux, de Leyrac, du *Bugue*, de Journiac, de Pezul,
» de Paunat, de Fleurac, d'Audrix, de Saint-Chamassy, de
» Sainte-Foi-de-Longa, de Savignac, de Javersac, de Manaurie
» et de La Roque ([2]). »

Il ne faudrait cependant pas se faire trop d'illusion sur le résultat si brillant en apparence obtenu en Guienne par le duc d'Anjou. La guerre alors ne se faisait pas comme aujourd'hui, et quoique les troupes réglées de la couronne de France eussent à peu près toujours vaincu les troupes réglées de la couronne d'Angleterre, il s'en fallait de beaucoup que le territoire national fût délivré de tous ses ennemis.

Au XIIe siècle, les rois s'étaient avisés de prendre à leur solde des compagnies franches, organisées on ne savait trop comment, venant on ne pouvait dire d'où et commandées par des chefs dont la vie était presque toujours un mystère. Ces bandes, connues plus particulièrement sous le nom de Brabançons, en

---

[1] Archives de l'empire, J. 642, pièce 2 d'une liasse, cotée 16.
[2] Bibl. impériale. Papiers Leydet.

avaient aussi reçu beaucoup d'autres, parmi lesquels le plus célèbre était celui de *routiers*. Une fois répandues sur le sol de la France, elles s'y trouvèrent trop à l'aise pour s'en éloigner. Elles s'y recrutèrent de génération en génération, et s'y multiplièrent même de telle façon durant le xiii⁰ et la première moitié du xiv⁰ siècle, qu'après la bataille de Poitiers, au moment où la confusion et le désordre étaient partout, elles occupèrent pour ainsi dire tout le centre de la France et plus particulièrement la Guienne, le Limousin, l'Auvergne, le Velai, le Vivarais, le Quercy, le Rouergue et la Gascogne. Elles avaient alors changé de nom, et s'appelaient *Grandes Compagnies*.

Toujours prêtes en apparence à se mettre à la solde de celui qui payait le mieux, et recevant sans cesse de toutes mains, ces bandes, par le fait, ne reconnaissaient l'autorité de personne. Partout où elles se transportaient, leur premier soin était de se loger, de gré ou de force, dans les châteaux, de s'organiser des retraites sûres et bien défendues, de fixer des points de ralliement, d'établir des signaux, de se procurer des alliés, afin de pouvoir manœuvrer librement et se transporter d'un lieu à un autre, sans avoir à craindre les attaques imprévues, sans s'exposer à être harcelées.

Malgré les succès des armes françaises, les grandes compagnies occupaient donc toujours, dans la Guienne, quantité de petites places fortes, d'où il n'était pas facile de les déloger, et comme, de toutes les provinces de ce duché, le Périgord est une des plus accidentées, il n'est pas douteux qu'elles s'y trouvaient à l'aise mieux que partout ailleurs, et que le territoire de l'ancienne centaine de Bugue, toujours compris dans la circonscription de l'archiprêtré, ne dut pas en être plus affranchi que le reste ; d'autant qu'indépendamment des châteaux déjà mentionnés, des vallons étroits, tortueux et boisés, des collines

4

escarpées et d'un accès très difficile, concouraient puissamment à leur assurer l'impunité.

La situation ainsi faite, on n'aura pas de peine à comprendre qu'il fallait constamment et partout se tenir sur ses gardes, dans la crainte de se voir attaqué d'un moment à l'autre. Toutefois, tant que Charles V vécut, les surprises furent rares, et les désordres inhérents à un pareil état de choses ne se produisirent que de loin en loin.

Lorsque Charles VI monta sur le trône (1480), il n'était qu'un enfant, gouverné par ses oncles, se disputant l'influence. Encouragés par cette espèce d'anarchie, les Anglais reprennent courage, les grandes compagnies s'agitent, et le comte de Périgord lui-même, emporté par un fol orgueil, rêve d'agrandir son autorité et de l'étendre à toute la province ([1]). C'était plus qu'il n'en fallait pour rendre aux troubles et à l'agitation toute l'animation passée.

Cependant, Marguerite de Galard ayant cessé de vivre, Nicolas de Beaufort s'était remarié (1396) avec Mathe de Montaut ([2]). De son côté, Jean de Beaufort, fils de Marguerite et de Nicolas, marié depuis plusieurs années avec Marguerite de Montaut, sœur de Mathe, s'était brouillé avec son père, et avait pris possession de la baronnie de Limeuil. Ce Jean de Beaufort, alors au moins âgé d'une trentaine d'années, était un homme sans valeur personnelle, et que tous les documents du temps nous représentent comme manquant de caractère et de conduite, quoique d'un tempérament très violent. Il avait tous les défauts de son grand-père maternel, sans aucune de ses qualités.

Dès 1397, le roi, se défiant de lui, donna ordre à son cheva-

---

([1]) Voir mon volume intitulé : *Périgueux et les deux derniers comtes de Périgord*, etc.
([2]) Cette Mathe était fille de Raimond de Montaut, sire de Mussidan, toujours fidèle partisan des Anglais, ce qui ferait croire que Nicolas n'était pas leur ennemi irréconciliable.

lier et chambellan Renaud, sire de Pons, vicomte de Turenne, et conservateur des trêves entre les Français et les Anglais, dans les sénéchaussées de Périgord, Saintonge et Angoumois, de mettre sous sa main, tenir et garder ou faire tenir et garder sûrement les châteaux de *Limeuil, Clarens* et *Campagne*, jusqu'à ce qu'il en eût autrement ordonné (¹). Quoique ces lettres ne parlent pas du Bugue, il n'y a pas à douter cependant que le sire de Pons dut aussi se saisir du Bugue, par la raison qu'on ne peut aller de Limeuil à Campagne qu'en passant par le Bugue.

Le roi, du reste, était bien informé au sujet des mauvaises dispositions de Jean, puisque le sire de Pons trouva les places occupées par des bandes. Voici ce que nous apprend à ce sujet un procès intenté en parlement, deux ans après (1399), par ce même sire de Pons, conjointement avec le procureur général, à Jean de Beaufort, qui n'eut garde de comparaître :

« Jean de Beaufort, seigneur de Limeuil, possédait dans le
» royaume de France, tant en la sénéchaussée de Périgord
» qu'ailleurs, des châteaux, des châtellenies, des forteresses et
» autres domaines et localités. Comme féal du roi, il devait ré-
» sister aux ennemis du royaume par tous les moyens possibles,
» et faire en sorte qu'aucun dommage ne fût causé à la cou-
» ronne, à ses domaines, ni à ses sujets, sous peine d'en sup-
» porter les conséquences. Cependant, ledit Jean, par sa vo-
» lonté désordonnée, avait livré le château de Campagne à
» Amanieu de Mussidan, et celui de Leyrat à Jean de Mausans,
» partisans déterminés des Anglais. Profitant de la situation qui
» leur était faite pour nuire au roi et à son royaume, ces ban-
» des avaient fait une âpre guerre, dans la contrée, aux envi-
» rons des châteaux, pillant, incendiant, capturant, rançonnant

(¹) Arch. de l'empire, J. 869.

» ou égorgeant les sujets du roi, violant les femmes et commet-
» tant toutes sortes d'exactions ([1]). » On voit par ces détails que les environs du Bugue, et le Bugue lui-même, à moins de quatre kilomètres de Campagne, n'avaient pas dû être épargnés.

Cet état des choses se prolongea jusqu'au-delà de 1438, avec des vicissitudes diverses, consignées, en partie, dans des lettres de grâce, accordées cette année, par Pierre de Beaufort, frère de Jean, à divers habitants de Limeuil, meurtriers de ce dernier. Voici ce qu'on y lit :

« Bernisson de Sireuilh, Jeanne de Bordas, sa femme, Gon-
» tonnet de Sireuilh, frère de Bernisson, bourgeois et habitants
» de Limeuil, avaient pris en haine, ce qui n'avait rien d'éton-
» nant, Jean de Beaufort, qui, en son vivant, avait fait plusieurs
» oppressions, extorsions et molestations indues à eux et aux
» autres habitants de Limeuil, si bien qu'ils se défirent de lui.
» Mais il arriva qu'au milieu de la bagarre, une bande qui se
» disait du parti anglais, commandée par un nommé Tando de
» Peyonhant, escalada de nuit la ville, s'en rendit maîtresse,
» assiégea le château et finit par s'en emparer, faute de se-
» cours, sans que ledit Pierre de Beaufort y eût pu rentrer jus-
» qu'alors, quoiqu'il eût plusieurs fois tenté de le faire ([2]). »
Le reste a trait aux conventions entre Pierre et les auteurs du meurtre.

Il résulte donc de l'ensemble des faits que le pays était toujours travaillé par des bandes de malfaiteurs et de pillards que le gouvernement français et ses partisans appelaient *Anglais*, tandis que le gouvernement anglais et ceux de son parti leur donnaient le nom de *Français*; que ces bandes suivaient scrupuleusement les traditions du passé et se livraient à des entreprises incessantes pour leur plus grand avantage et leur plus

---

[1] Arch. de l'empire, sect. jud., Reg. du cr., coté 14, fol. 310.
[2] Arch. de l'empire, sect. hist. K 64.

grand profit, et que, par suite, on ne doit plus s'étonner de l'état déplorable où se trouva réduit le couvent de Saint-Salvador dès le commencement du xve siècle.

Pierre de Beaufort ne vit pas la fin de la guerre avec les Anglais. Il mourut en 1444 ([1]), laissant deux filles, dont l'aînée, Anne, se maria, l'année même de la mort de son père, avec Agnet de la Tour IV, vicomte de Turenne ([2]), qui cependant ne devint seigneur de Limeuil qu'en 1448, en vertu d'un accord entre lui et Marguerite de Montaut, veuve de Jean de Beaufort ([3]). Il en fit hommage au roi de France en 1452 ([4]), et les Anglais furent définitivement expulsés de la Guienne et de tout le territoire national en 1453 ([5]). Ce n'est pas que pour cela la tranquillité fût complètement rendue au pays; mais du moins désormais la présence de ces étrangers ne servit plus de prétexte à l'agitation et au désordre, qui se prolongèrent long-temps encore, et perpétuèrent, dans les provinces, l'inquiétude et les alarmes. Sans doute, il y eut des intrigues ourdies, des trahisons projetées, et plus d'une fois, par suite des intelligences qu'ils avaient conservées dans les différentes contrées jadis occupées par eux, ces ennemis éternels de la France purent concevoir l'espoir de recommencer la lutte; mais toutes ces tentatives n'aboutirent à rien, car la *ligue du bien public*, les longues querelles des *Bourguignons* et des *Armagnacs*, la mésintelligence de Louis XI et de son frère et tous les autres incidents du règne de ce monarque ([6]) eurent pour point de départ des influences d'un autre

---

([1]) Justel. *Histoire de la maison de Turenne,* p. 73.
([2]) *Ibid. Ibid.*
([3]) Archives de l'empire, sect. Dom., papiers Bouillon, boîte 69.
([4]) *Ibid. Ibid.* Ch. des Comp., 1er reg. de Languedoc, pièce 554.
([5]) La bataille de Castillon, où Talbot fut tué, fut le dernier effort tenté par eux. Ils la perdirent le 19 juillet 1457.
([6]) Voir toutes les histoires de France.

ordre, ne prenant leurs sources que dans des susceptibilités nationales plus ou moins exagérées.

Près de cent trente ans de troubles fomentés par les Anglais avaient donc pesé sur le Bugue et son couvent, et vingt-cinq ans de luttes intestines ne firent qu'achever de combler la mesure des maux qu'ils avaient eu à souffrir. Peut-on s'étonner après cela que l'abbaye de Saint-Salvador se trouvât en ruine en 1465 ; que les tentatives de Marguerite Bertin en 1477 fussent restées sans succès, et que le couvent continuât à demeurer dépeuplé ?

Sous Charles VIII (1483-1498), Louis XII (1498-1515) et pendant les premières années du règne de François Ier, la situation change complètement. Le sol national n'est plus à la merci de l'étranger ; les luttes intestines ont cessé, et les provinces semblent pouvoir respirer à leur aise ; mais l'esprit inquiet et tracassier d'une noblesse batailleuse, naissant et mourant sous le harnais, habituée à faire sa volonté, naturellement pillarde, et ne reconnaissant guère d'autre droit que celui du plus fort, vient trop souvent faire diversion au besoin réel de repos et de tranquillité qui tend à prévaloir. Les débats survenus, vers 1520, entre le seigneur de Limeuil et Marguerite Bertin, abbesse du Bugue, dont il a été question au chapitre précédent, n'eurent pas d'autre origine. Par malheur les détails manquent.

LIVRE DEUXIÈME.

CHAPITRE PREMIER.

La réforme au Bugue et dans le couvent de Saint-Salvador.

Dès la fin du xve siècle, le mouvement intellectuel et la tendance générale des idées annonçaient une transformation prochaine des goûts et des habitudes sociales, dont on ne pouvait pas encore calculer la portée, mais qui devenait de plus en plus imminente, à mesure que le temps marchait. L'apparition du xvie siècle rendit bien plus saisissable et bien plus significatif ce grand travail de régénération que rien ne devait désormais arrêter. Il ne s'agit pas de raconter ici toutes les péripéties de cette longue et pénible évolution qui nous valut la *renaissance* et la *liberté d'examen*, c'est-à-dire l'affranchissement de la pensée humaine de toutes les étreintes de la vieille école, mourante d'impuissance et d'inanition, et la suppression de ce verbiage argutieux, de cette stérile argumentation qui s'étaient glissés partout et jusqu'alors avaient empêché le génie de prendre librement son essor dans le domaine illimité des arts, des sciences, de la littérature et de la faculté de penser en général. A propos d'une pauvre petite ville bien obscure, bien ignorée, je ne veux certainement pas m'occuper d'un sujet aussi vaste et aussi compliqué. Mais le Bugue, de même que toutes les autres parties de la France, ayant pris part aux événements, en raison de son importance, et y ayant joué le rôle que sa condition d'être lui avait assigné, il n'est pas douteux que je dois aborder franchement les faits et les raconter tels qu'ils se trouvent consignés dans les documents que le temps ou la main des hommes a épargnés.

On croit généralement que la *réforme* ne se produisit que tard et lentement parmi nous. On a même été jusqu'à dire que le mouvement qu'elle y opéra, quoique prenant sa source dans les idées religieuses, fut pourtant moins religieux que politique. C'est une double erreur que les actes les plus authentiques réfutent de la manière la plus péremptoire. Les registres du parlement de Paris (¹) constatent que, dès 1525 et peut-être dès 1523, le luthéranisme avait fait de très grands progrès en France et notamment dans les diocèses de Maux, de Sens et de Paris. Il n'est donc pas possible d'admettre, comme le donnent à penser le père Dupuy (²), le chanoine Tarde (³) et divers autres documents plus ou moins spéciaux au Périgord, que les premiers symptômes de divergence ne se firent pas sentir dans notre province avant le milieu du siècle, époque où ils acquirent une assez grande extension pour y organiser la résistance à main armée. Les choses ne durent pas, ne purent pas se passer ainsi. Il est naturel de penser au contraire que l'esprit méridional, ardent et très impressionnable, ne fut pas plus lent à s'initier dans la nouvelle doctrine que les populations du nord, et que le temps fit le reste. Ce qui ne laisse pas de doute à cet égard, c'est que, dès 1532, le luthéranisme était fort répandu à Toulouse (⁴), d'où le collége de Périgord (⁵) dut le porter parmi nous. Toutefois, je dois à la vérité de dire qu'il ne reste aucune donnée certaine sur ce qui se passa en Périgord antérieurement à 1551.

(¹) Archives de l'emp., sect. Judiciaire, Parlement, Reg. du conseil, coté 66 *bis*, fol. 213 et 217.
(²) *L'Estat de l'Eglise du Périgord.*
(³) *Antiquités du Périgord et du Sarladais.*
(⁴) Hist. de Languedoc, t. v, p. 137.
(⁵) Il y avait à Toulouse un collége fondé par le cardinal Taleyrant au XIVᵉ siècle, portant le nom de *Collége de Périgord*, et destiné à l'éducation de pauvres clercs de notre province.

A cette époque, les nouvelles idées religieuses avaient si bien progressé, au dire du père Dupuy lui-même ([1]), que, le 24 janvier, « certains ecclésiastiques et chanoines, infectés de calvinisme ([2]), » furent accusés d'avoir brisé toutes les croix, de Périgueux à Marsac, et qu'on mit en prison un prêtre à la suite d'une enquête, ce qui n'empêcha pas la chapelle de Notre-Dame-de-Pitié, dépendant de la cathédrale, d'être pillée et dépouillée de tous ses ornements. Le 28 du même mois ([3]), ce double coup de main fut le signal de l'opposition et de la résistance, dans toute la province.

A quelle époque précise les premiers religionnaires ([4]) apparurent-ils au Bugue? C'est ce qu'il n'est pas facile de constater : on sait seulement qu'ils y firent des progrès très rapides en fort peu d'années.

Marie Souveraine, de St-Martial, dite de Dongeat, fut élue abbesse, à la place de Marguerite Bertin, le 3 mai 1521, et définitivement confirmée par brevet du 21 juin 1522. Il n'est pas dit quels services elle rendit à l'abbaye ; nous savons seulement qu'Anne du Breuil, religieuse professe du monastère, originaire du diocèse de Limoges, prit sa place le 30 avril 1528, l'abbaye vacante *certo modo* (d'une certaine façon) ([5]). Cette abbesse qui, dès 1527, achetait des biens, quoique n'étant encore que pro-

---

([1]) L'*Estat de l'Eglise du Périgord*, p. 177.
([2]) Et de luthéranisme aussi ; mais comme Calvin s'était produit après Luther, il ne parle que du dernier venu.
([3]) Dupuy. L'*Estat de l'Eglise du Périgord*, p. 178.
([4]) On les appela d'abord *luthériens* ; on se servit ensuite tour-à-tour, et pour ainsi dire indifféremment, des noms de *luthériens* et *calvinistes*. Ils reçurent après le sobriquet de *huguenots*, mot dont on n'a pas donné une étymologie satisfaisante. Plus tard, ils furent désignés par cette expression : *Ceux de la religion prétendue réformée*, puis par cette autre : Les *prétendus réformés*; enfin, on dit tout simplement *les religionnaires*, et c'est ce mot que j'emploierai plus habituellement avec celui de *protestants*, usité aussi de très bonne heure.
([5]) Cette expression donnerait à croire que Marie Souveraine n'était pas morte.

fesse, présenta à la cure de Ste-Marie-Madeleine-de-Montgaudes (sans doute *Montmadalès*), diocèse de Sarlat. Elle vivait encore en 1530.

Vint après elle Agnès du Fraisse, que nous trouvons gouvernant l'abbaye en 1534, sans que nous sachions exactement à quelle époque elle remplaça Anne du Breuil.

Celle qui suivit Agnès avait nom Gabrielle du Breuil, dite du Fraisse ; elle siégeait dès 1550, et nomma à la cure de Saint-Marcel du Bugue en 1562.

Le travail du bon curé de Teyjac nous apprend que cette abbesse, entraînée par le mouvement de réforme religieuse signalé plus haut, abandonna le catholicisme avec tout son troupeau en 1563, fit murer la porte de l'église du couvent, et, suivie de ce même troupeau, alla publiquement *au prêche, aux prières des ministres, diacres et surveillants* du Bugue, faisant la cène avec eux ; ce qui prouve que le service religieux du nouveau culte était déjà organisé au Bugue, dès cette époque, quoique, comme nous le verrons plus tard, on ait officiellement affirmé, au xviie siècle, que le temple construit dans cette localité n'y fut ouvert qu'en 1577. Je dois dire cependant que le récit de l'abbé Nadaud, assez incohérent, exige qu'on examine les faits avec attention. Je crois donc utile, pour l'édification du lecteur, de le rapporter en entier. Le voici dans toute sa naïveté ([1]).

« Gabrielle du Breuil, dite du .... ([2]), 1550. Avec tout
» son petit troupeau de religieuses. Au grand scandale du peu-

---

([1]) On comprend du reste que Nadaud ait été embarrassé dans ce récit. A cette époque, le désordre moral était partout et, dans toute la hiérarchie ecclésiastique, ces brusques conversions se produisaient souvent. Quelques années auparavant, le plus haut dignitaire de l'Eglise, dans la province, n'avait-il pas quitté la mitre pour aller se marier à Genève avec une abbesse de Périgueux qu'il y avait emmenée.

([2]) Nadaud ajoute, entre parenthèses : « *le mot est déchiré* »: mais la suite du récit nous apprend qu'il y avait Fraisse.

» ple circonvoisin, elle cessa en 1563 de faire le service divin,
» fit murer la porte de l'église, alla au prêche, prières et cène
» des ministres, diacres et surveillants du Bugue, fit profession
» de foi et exercice de religion contre l'église catholique, de
» laquelle elle se sépara, introduisit l'erreur dans son monas-
» tère, où elle appela des hommes et des femmes pour faire les
» cérémonies de l'église protestante. C'est ce qui résulte des
» informations faites à la requête du procureur du roi de Péri-
» gueux, du 13 mai 1569.

» Elle nomma à la cure de Saint-Marcel du Bugue en 1562.

» Dans un acte du 2 juin 1568, elle est dite morte ([1]).

» Le 24 décembre 1571, Marie du Fraisse écrivit de La Cha-
» pelle (sans doute La Chapelle-Miremont) à M. de Limeuil :
» *J'ai baillé les titres que j'avais et non pas la procuration.*

» Le 7 août (probablement de l'année suivante), elle demande
» au même seigneur le nom de celle qu'il lui plairait mettre ([2]),
» et qu'elle fera son possible pour avoir la procuration qui lais-
» sera le nom en blanc. *Je crois,* ajoute-t-elle, *qu'il vous sou-*
» *vient comment vous arrestates de me bailler quelque autre pe-*
» *tite recompense. Il y en a une petite qui est appelée Ayges* ([3]),
» *parce que (elle) se baillerait pour peu de recompense. Cet*
» *hiver passé, je baillay les titres que j'avais du Bugue, et ils*
» *s'obligèrent de me bailler, tous les ans, 82 livres, jusqu'à ce*
» *que la recompense me fut baillée......... Me ferès cet honneur*
» *de me tenir au nombre de vos très humbles servantes, avec*
» *assurance que je ne m'espargnerai jamais à vous faire tout le*
» *service qui sera en ma puissance, comme je desire que tous*

([1]) Morte moralement, comme le prouve le récit.

([2]) Sans doute à la place de l'abbesse interdite.

([3]) Mot altéré. Il pouvait y avoir *aide* dans le sens de secours; ce terme était usité, à cette époque, avec cette acception.

» *mes enfants s'y employent de tous les moyens que Dieu, de sa*
» *grace, leur donnera.*

» Le 24 décembre 1572, elle lui promet de lui faire tenir, dans
» six semaines, une procuration, en faveur de qui bon lui sem-
» blera.

» Par brevet du 18 juillet 1592, l'abbaye du Bugue étant va-
» cante, par la mort de Gabrielle du Fraisse ([1]), le roi commit
» Etienne de Gontaut, seigneur de Saint-Géniès, baron de Saint-
» Julien, pour faire l'inventaire des lieux, commettre des ré-
» gisseurs, pendant six mois, jusqu'à ce que celle qui serait
» nommée par le roi eût obtenu ses provisions. »

De l'ensemble de ces détails, il résulte évidemment qu'il y avait identité entre Gabrielle du Breuil et Gabrielle du Fraisse, identité qui permet de suivre, sans trop de peine, la marche des événements. Quant à Marie du Fraisse, très certainement parente de Gabrielle, et peut-être sa sœur, on voit qu'elle ne s'occupait beaucoup des affaires du couvent qu'à cause de cette parenté, et que la remise de titres qu'elle fit, la mission de fournir une procuration dont elle s'était naturellement chargée, ainsi que toutes les démarches et toutes les promesses dont elle avait été l'objet, tendaient à régulariser la position d'une coadjutrice donnée à Gabrielle dès 1568, époque où on l'avait dite défunte, soit qu'on l'eût cru de bonne foi, soit qu'on eût seulement voulu établir qu'elle était morte moralement, car voici ce qui se passa de 1568 à 1592 :

La mort de Gabrielle ayant été annoncée le 2 juin 1568, Catherine Tlavar, professe de l'abbaye de Montmartre, près Paris, eut deux brevets du roi, l'un du 25 octobre 1568, l'autre du 7 avril 1571, pour l'abbaye vacante, par la mort de Gabrielle

---

([1]) Ce qui prouve que Gabrielle du Fraisse n'était morte que depuis peu de temps.

du Fraisse, ou, est-il ajouté, de quelque manière qu'elle vaque.

Le 21 mars 1570, par conséquent plus d'un an avant l'expédition du deuxième brevet, Marguerite de Lacropte, dame de Limeuil et de Lanquais, veuve de Gilles de la Tour, en son vivant seigneur de Limeuil, par acte passé à Montmartre, et du consentement de Catherine de Clermont, abbesse de l'abbaye dudit Montmartre, pria et requit Catherine Tlavar d'accepter sa nomination à l'abbaye du Bugue, dont elle entendait, est-il dit, la faire pourvoir, pour la tenir en foi, garde et loyauté, et la résigner en faveur de telle personne qu'elle désignerait plus tard ; ce que Catherine promit et s'engagea à exécuter *toutes et quantes fois* elle en serait requise ([1]).

Cet acte constate que, malgré le brevet de 1568, Catherine n'avait point encore pris de décision en 1570. D'un autre côté, le brevet de 1571 prouverait, d'une manière non moins péremptoire, qu'elle n'aurait accepté les offres de Marguerite de Lacropte que plus d'un an après qu'elles lui auraient été faites, et postérieurement à la date du second brevet, car nous voyons, au 1er août suivant, Charles de la Tour, seigneur de Lanquais, fils de Gilles et de Marguerite de Lacropte, emporter les meubles de l'abbaye.

Il est à croire cependant qu'elle finit par accepter, et qu'elle résigna vers la fin de 1572 ou dans les premiers jours de 1573 en faveur d'Antoinette de Saint-Michel, morte en 1575.

Sous cette Antoinette de Saint-Michel ou peut-être même avant qu'elle ne fût installée, le receveur de Galiot, seigneur de Limeuil, écrivait à ce seigneur, un dimanche, 21 avril (on ne dit pas l'année), qu'il faisait tous les jours vaquer aux reconnaissances du Bugue, et qu'il avait eu besoin de s'y prendre d'*heure* (au moment où il l'avait fait) car, si deux ou trois hommes

---

([1]) Cela s'appelait une *confidentiaire*.

vieux et caducs fussent morts, *ne trouvant aucun titre, parce que tous avaient été brûlés, il ne savait par où commencer....* Il ajoutait, un peu plus bas : « J'en ai recouvré qu'aurès agréables (¹). »

Cependant les choses allaient toujours mal pour le couvent, car, à la mort d'Antoinette, Galiot chassa les religieuses, s'empara des meubles (²) et distribua les biens et les revenus à ses serviteurs et domestiques.

Il semble qu'après tant d'épreuves, ce malheureux couvent devait se croire désormais à l'abri de nouvelles atteintes ; cependant un incendie, allumé deux ans plus tard, par Jacques de la Tour, seigneur de Fleurac, vint mettre le comble à tant de désolation, en le réduisant à n'être plus qu'un monceau de ruines (³).

A partir de ce moment jusqu'en 1603, l'histoire se tait sur cet établissement, et tout porte à croire que, durant cet espace de vingt-six ans, s'il ne resta pas complètement fermé, il n'en valut guère mieux, dépourvu qu'il était d'abbesse et de religieuses, à part celles qui pouvaient avoir échappé à la tourmente, et qui vivaient dans leurs familles ou ailleurs.

CHAPITRE DEUXIÈME.

Le Bugue durant le xvıᵉ siècle. — Guerres de religion. — Ouverture du temple. — Les forges. — La famille Dabzac et autres.

Le Périgord fut le théâtre des luttes les plus animées, durant le xvıᵉ siècle ; mais les événements qui s'y accomplirent ne

---

(¹) C'est apparemment, dit Nadaud, ceux qui furent depuis transportés au château de Turenne.

(²) Sans doute ceux qu'avait emportés Charles de la Tour, son frère, restitués probablement à la mort de ce seigneur de Lanquais, survenue peu de temps après son équipée.

(³) Voir le chapitre suivant pour tous les événements arrivés depuis la mort d'Antoinette de Saint-Michel.

sont que très imparfaitement connus, faute de chroniqueurs spéciaux.

On comprend, après cela, combien les détails sur une petite localité comme le Bugue doivent être rares et peu précis.

La première fois qu'il est question du Bugue, c'est en 1562. Il est dit que Duras, général des religionnaires, conduisant son armée au secours d'Orléans, assiégé par les catholiques, y passa la Vézère dans les premiers jours d'octobre, après avoir visité Carlux et Sarlat, dont il brûla les faubourgs, et se dirigea sur Vergn, où Montluc, chef des catholiques, ayant aussi passé près du Bugue, le battit de concert avec Burie, lieutenant-général du roi en Guienne (¹). Mais il est à croire qu'avant cette expédition, le Bugue, comme Montignac, Lalinde, Sarlat, Issigeac et une grande partie des localités du Périgord, avait ressenti plus d'une secousse religieuse.

Les événements accomplis de 1547 à 1562 (²) ne permettent pas de doute à cet égard, et la relation de l'apostasie de Gabrielle du Fraisse avec ses religieuses garantit pleinement le fait. Il pourrait se faire aussi que la troupe de religionnaires qui occupa Lalinde au mois d'août précédent et se dirigea ensuite sur Sarlat et Gourdon (³), sans doute pour aller rejoindre Duras, visita le Bugue en passant. D'ailleurs, nous ne

---

(¹) Tarde. *Antiquités du Périgord et du Sarladais* et *Commentaires de Montluc*, t. III, p. 124. Montluc en effet ne passa pas au Bugue même ; mais les détails qu'il donne ne permettent pas de douter qu'il traversa la plaine aux environs de Malmussou. Que si on s'étonne de ce que Montluc et Burie ne gagnèrent pas le pont du Bugue, cela dut tenir à ce qu'ils espéraient sans doute mieux surprendre les religionnaires, en laissant le Bugue sur leur gauche.

(²) Le renouvellement des édits contre les religionnaires, à l'avènement d'Henri II ; l'édit de Châteaubriand (1551), les chambres ardentes, les rigueurs exercées contre divers membres du parlement ; l'édit de Chamborn (décembre 1559), celui de Romorantin (mai 1560) ; la non exécution de l'édit de janvier 1561, etc., etc., etc., et les troubles survenus en Périgord dès 1551.

(³) Tarde. *Antiquités du Périgord et du Sarladais.*

savons rien sur les réformés du lieu ni sur la part qu'ils prirent au mouvement jusqu'à la paix d'Amboise (1563), époque où l'abbesse et le couvent quittèrent le catholicisme.

Cette paix, plutôt une suspension d'armes qu'une paix véritable, dura jusqu'en 1567, où les hostilités furent reprises pour cesser encore quelque temps, à partir du traité conclu à Lonjumeau, le 2 mars 1568, vulgairement appelé *la paix boiteuse et mal assise* ([1]).

Dans cet intervalle, il ne survint rien au Bugue de particulier, dont le souvenir se soit conservé, en dehors de ce que nous savons; là sans doute, comme partout ailleurs, les deux partis s'observaient de près et commettaient souvent des violences réciproques, en vertu de ce que l'exaspération était arrivée à son paroxysme.

Les malentendus, les défiances mutuelles ou plutôt la haine profonde que les deux partis s'étaient vouée; l'ardent besoin, pour les uns et les autres, de se nuire; les insultes qu'ils ne cessaient réciproquement de se faire, tout concourut à rompre, au bout de quelques mois, la paix boiteuse et mal assise, appelée aussi la *paix fourrée*.

On reprit donc les armes, de part et d'autre, avec un acharnement nouveau. Dans cette occurrence, une armée de vingt-sept mille hommes, selon Tarde, de vingt-cinq, selon d'Aubigné, s'organisa dans le midi sous la conduite de Dacier, et se porta sur le Périgord, par le Quercy, passa la Dordogne à Souillac, la Vézère au Bugue, l'Ille à Saint-Astier, se dirigeant sur Angoulême et La Rochelle. C'était un amas de gens de toutes les provinces méridionales, plus particulièrement connu sous le nom d'*Armée des Provençaux*, dont l'ardente jeunesse indisci-

---

([1]) On l'appela ainsi parce qu'elle fut signée par le duc de Biron, qui était boiteux, et par le seigneur de Malassise.

plinée commettait partout beaucoup de désordres. Il est à croire que le Bugue ne fut pas plus épargné que les autres localités.

Depuis lors jusqu'à la paix de 1570, comme depuis cette paix jusqu'à la Saint-Barthélemy (24 août 1572), rien sur le Bugue, excepté le fait de l'enlèvement des meubles du couvent, par Charles de la Tour (1571), qui certainement ne se porta pas à cette extrémité sans commettre d'autres excès.

Que se passa-t-il au Bugue à la St-Barthélemy ? C'est ce que je ne saurais dire; mais je suis porté à croire que cette odieuse boucherie n'y eut pas beaucoup de retentissement, si même le bruit en vint jusque-là. Je suis affermi dans cette pensée par l'état de tranquillité où s'y trouvaient les esprits l'année suivante (¹).

Après ce long et détestable massacre, si mystérieusement organisé et si fatalement exécuté dans presque toute l'étendue de la France (²), les religionnaires coururent aux armes, le désespoir dans l'âme et la rage au cœur. Cette quatrième période des guerres de religion n'éprouva d'intermittence, par la paix de La Rochelle (1573), que juste le temps nécessaire pour laisser reprendre haleine aux partis. Les hostilités se continuèrent jusqu'à la paix de 1575, à la suite de laquelle s'organisa la *ligue*, source de tant de maux pour la France, de 1576 à l'avènement d'Henri IV (1589).

C'est au milieu de ce tumulte général, de ces convulsions incessantes de la patrie que le Bugue eut le plus à souffrir.

Nous avons vu Marguerite de Lacropte, veuve de Gilles de la Tour, s'occuper, en 1570, de sauver de la ruine le couvent de St-Salvador, en cherchant à mettre Catherine Tlavar à la tête

---

(¹) Voyez le ch. précédent, p. 63.
(²) Il y eut d'honorables exceptions. Le comte d'Orthe, gouverneur de Bayonne; le comte de Tende, commandant en Provence, refusèrent d'obéir. Ils furent empoisonnés quelques jours après. D'autres encore restèrent dans l'inaction.

de cet établissement. Tant que Marguerite vécut, ses fils, quoique dès-lors peut-être fort peu d'accord, ne se livrèrent pas à de trop grands désordres ; mais il est à croire que cette dame, dont le testament porte la date du 27 octobre 1571, n'existait plus en 1572 ; que son fils Charles la suivit de près, et qu'à la suite de la St-Barthélemy, la dissension acheva de se glisser entre les deux autres. Il ne se passa cependant rien de bien extraordinaire jusqu'en 1575 ; mais à cette époque, la haine que ces deux frères, Galiot de la Tour, seigneur de Limeuil, vicomte de Lanquais, etc., et Jacques de la Tour, seigneur de Fleurac, s'étaient vouée, ayant éclaté dans toute sa violence, ils eurent recours aux armes, après la prise de Périgueux par les protestants (6 août 1575), pour se faire une guerre acharnée.

Le Bugue et son couvent, dépendant comme on sait de la juridiction de Limeuil, appartenaient à Galiot, leur protecteur naturel et leur soutien obligé. Nous avons vu cependant qu'à la mort de la coadjutrice, Antoinette de Saint-Michel, ou peu de temps après, il avait traité le couvent en ville de conquête. Nous avons pareillement vu Jacques de la Tour incendiant le couvent et le bourg, en 1577. Le souvenir de tous ces troubles et des calamités qui s'y rattachent se trouve consigné dans un fragment ayant pour titre : *Ruine, incendie et saccagement de l'abbaye du Bugue* ([1]), et dont voici la transcription exacte :

« Ce fut sur la fin de la vie de cette abbesse (Antoinette de
» St-Michel), ou peu après sa mort, qu'arrivèrent les incendies
» et saccagements du bourg et de l'abbaye du Bugue, par les
» soldats de messire Galiot de la Tour, seigneur de Limeuil
» et de Lanquais ([2]), et de M. de Fleurac (Jacques de la Tour),
» son frère, qui se faisaient une cruelle guerre.

([1]) Je dois ce fragment à M. Souffron, teinturier au Bugue.
([2]) Charles de la Tour, seigneur de Lanquais, étant mort, la seigneurie de Lanquais était revenue à son frère Galiot.

» Les actes d'hostilité entre ces deux frères durèrent fort
» long-temps, pendant lequel le monastère du Bugue eut beau-
» coup à souffrir de leur animosité et de la cruauté des soldats,
» dont la plupart était de la nouvelle religion. Il serait difficile
» de pouvoir exprimer la triste situation où se trouvèrent alors
» ces pauvres religieuses, sans logement, sans secours et sans
» ressources, ne sachant où se retirer. Le bourg avait été réduit
» en cendres, de même que le monastère. Ceux qui auraient pu
» leur prêter un asile, n'auraient osé, crainte d'encourir la dis-
» grâce de M. de Limeuil, à qui il suffisait de déplaire pour voir
» sa perte sûre et inévitable.

» La tradition porte qu'on les trouvait dans les bois, dans les
» antres et cavernes des rochers, errant ainsi plusieurs jours
» dans les solitudes, accompagnées seulement de quelques
» pieuses femmes ou filles dévotes, qui ne voulurent pas les
» abandonner, jusqu'à ce que, revenues de leur terreur, ayant
» un peu repris courage, elles se retirèrent chez leurs parents
» et amis. »

Ce récit est d'une exagération trop évidente pour qu'on le prenne à la lettre. Les faits y sont d'ailleurs rapportés avec trop de confusion, pour les accepter sans contrôle, surtout lorsqu'on a vu la manière précise dont l'abbé Nadaud les énumère; mais il n'est pas moins curieux à la fois et remarquable que ce morceau ait été conservé, car il révèle l'impression terrible que les luttes de ces deux frères avaient produite, et l'émotion profonde qu'on ressentait en parlant de ces temps désastreux.

La suite de ce récit manque, et c'est d'autant plus regrettable qu'elle nous aurait sans doute appris combien durèrent ces luttes fraternelles si funestes au pays. Il est certain, dans tous les cas, qu'elles ne se prolongèrent pas au-delà de 1583, parce que Jacques n'existait plus à cette époque.

Un acte d'avril 1571, portant échange entre Galiot de la Tour, représenté par maître Jean-François de Lortal et Hélie Brun, juge de la juridiction, ses fondés de pouvoirs, et Bardin de Montloys, écuyer, seigneur de la Barde, près le Bugue, constate qu'antérieurement le père de Bardin aurait cédé au seigneur de Limeuil le moulin appelé du *Canet* ([1]) avec toutes ses dépendances, sur l'emplacement duquel ce seigneur avait fait construire une forge à fer, qui reçut le nom de *Forge-Neuve* ou *Forge-Haute*, par rapport à la forge de La Farge, appelée aussi *Forge-Basse*.

La forge du Bugue, dite La Farge, avait depuis long-temps une grande importance, que ne fit qu'accroître la nouvelle forge. En 1557, Pierre Borderie, sieur de La Dotz, en était syndic ([2]).

Six actes, passés du 15 juin au 23 août 1572 ([3]), nous apprennent que les prés, depuis la Dotz jusqu'au moulin des Tanneries, se nommaient *les Condamines* ; qu'il y avait un moulin appelé du Pissarot, alimenté, non pas, comme on pourrait le croire, par la fontaine qui porte encore ce nom, mais par les eaux de la fontaine de Cumon ; qu'aux abords du bourg, toujours du même côté, se trouvait un point du nom de *La Croix de paille*, sans doute parce qu'il y avait ou il y avait eu, dans le temps, une croix en paille, lequel point confrontait avec le chemin conduisant à la Barde. Tous ces actes avaient pour but d'agrandir les dépendances de la forge de La Farge, que nous savons exister au moins depuis le XIIe siècle.

([1]) Le moulin du Canet était au-dessus du Moulin-Neuf, où se trouvent encore quelques vieux bâtiments. Dans ma jeunesse, on y voyait les soufflets de la Forge-Neuve.

([2]) Cette famille de Borderie s'éteignit vers la fin du siècle dernier dans la personne de Marc Borderie, frère de Marie Borderie, mariée à Odet Dessalles, mon bis-aïeul.

([3]) Arch. de l'empire, papiers Bouillon.

Ces petits détails, tout insignifiants qu'ils sont en apparence, servent cependant à constater qu'à travers les troubles et les vicissitudes d'une violente guerre intestine, le seigneur de Limeuil ne laissait pas que de s'occuper de l'amélioration de ses domaines. Mais revenons aux événements politiques et religieux.

Nous avons vu Jacques de la Tour brûlant le bourg et le couvent en 1577. C'est à cette même année qu'on place la date officielle de l'ouverture du temple protestant du Bugue, construit sur l'emplacement qu'occupent en ce moment les écuries de la gendarmerie, au nord de la place qui, pour cela, a conservé le nom de *place du Temple*. Selon le procès-verbal des commissaires envoyés par le roi, en 1668, pour faire exécuter l'édit de Nantes (1598) ([1]), ce temple ne remonte pas au-delà de cette date, quoique, à l'époque où Gabrielle du Fraisse et son couvent se déclarèrent de la nouvelle religion, il y eût, au Bugue, ministre, diacres et surveillants ([2]).

En 1579, par lettres patentes, Galiot donna à Louis, Antoine et Jean Dabzac, frères, et à Françoise Meunier, femme de Louis, tous habitants du Bugue, tous les cens, rentes, acaptes, droits et devoirs seigneuriaux, provenant de maître Guillaume Dabzac, leur père et beau-père, pour les tenir à foi et hommage, avec un fer de lance doré à chaque muance de seigneur et de tenancier, le tout en contemplation des agréables services qu'ils lui avaient faits et feraient à l'avenir, etc., etc.

Au milieu des rudes épreuves que subissait le Bugue sans éclat, mais non sans douleur, la France s'agitait toujours violemment sous la terrible pression des implacables querelles religieuses. Organisée en 1576, la *ligue*, sous la direction du duc de Guise, avait pour ainsi dire ruiné l'autorité royale entièrement mécon-

([1]) Il en sera question plus bas.
([2]) Voyez plus haut, p. 62.

nue. De leur côté, les religionnaires mettaient tout leur espoir dans Henri de Béarn, depuis Henri IV, qui marchait à leur tête. Les deux héros du drame sanglant étaient donc Guise et Henri. Il est vrai que la mort du premier, assassiné à Blois, par ordre d'Henri III, en 1577, avait un moment jeté la perturbation parmi les ligueurs ; mais Mayenne ayant été substitué à Guise, la marche des événements ne s'était pas ralentie.

Les deux partis luttèrent avec des vicissitudes diverses jusqu'en octobre 1587, que le Béarnais gagna la fameuse bataille de Coutras, où fut tué le duc de Joyeuse. A la suite de ce succès immense pour la cause de la réforme, le vicomte de Turenne, Henri de la Tour d'Auvergne, depuis maréchal de France, duc de Bouillon, prince de Sédan, plus tard seigneur de Limeuil, par sa femme, héritière de Galiot, et père du grand Turenne, à la tête d'environ 6,000 hommes de pied et 8 à 900 chevaux, parcourut en vainqueur le pays entre l'Ille et la Dordogne, se rendit à Limeuil et de là dirigea ses forces sur Sarlat, partie par les rives de la Dordogne, partie par le Bugue (¹).

Parmi les seigneurs qui concoururent à cette expédition et qui passèrent par le Bugue, se trouvait Galiot de la Tour, dont le quartier-général fut fixé à Beynac (²). Il avait pris pour pourvoyeur Antoine Rey, dit Ballandis, du village de Malmussou, lequel fut ensuite son valet de chambre jusqu'en 1591 (³). Son dépensier ordinaire était Hélie Buisson de la Terrasse, depuis notaire des comté de Périgord et vicomté de Limoges (⁴).

(¹) Relations de deux sièges de Sarlat, publiées en 1832 par J.-B. L.
(²) Arch. de l'empire, papiers Bouillon.
(³) *Ibid.*
(⁴) *Ibid.* Il y avait plusieurs sortes de notaires. Les notaires apostoliques, qui tenaient leurs pouvoirs du pape; les notaires royaux, qui tenaient leurs pouvoirs du roi, etc., etc., etc. Les notaires des comté de Périgord et vicomté de Limoges tenaient leurs pouvoirs du comte de Périgord, depuis long-temps aussi vicomte de Limoges.

Le siége de Sarlat n'ayant pas abouti, Galiot rentra à Limeuil, un mardi, en passant par le Bugue avec sa troupe.

A partir de ce moment, le pays est moins agité, et le Bugue naturellement respire plus à l'aise. L'avènement d'Henri IV (1589) ramène petit à petit la confiance, et la confiance, avec un peu plus de bien-être, rend progressivement le repos à la province, sans que cependant les plaies trop profondes qu'elle a reçues puissent avoir le temps de se cicatriser, avant que de nouveaux troubles viennent encore désoler la France entière.

En 1591, Galiot étant mort subitement, on crut à un empoisonnement, d'où un procès dans lequel nous voyons comparaître Antoine Rey et Hélie Buisson, dont j'ai déjà parlé. Jean Rey, greffier; Jean Vézac, chirurgien; le capitaine Pantaléon, maître Geraud-Descombes, sieur de la Gaisie, juge de la juridiction de Limeuil; un des Dabzac nommés plus haut et plusieurs autres témoins, tous du Bugue (¹).

Peu de temps après, le témoin Dabzac reçut, dit-on, en don la Forge-Neuve, construite par Galiot; mais cet *on-dit* n'a pas de fondement.

C'est durant l'accomplissement de ces petits événements au Bugue que la paix fut conclue et que l'édit de Nantes, vérifié par le parlement de Paris (févr. 1599), en permettant le libre exercice de la nouvelle religion, put faire croire à un avenir meilleur.

CHAPITRE TROISIÈME.

Rétablissement du couvent. — Tendances religieuses. — Révocation de l'édit de Nantes et ses suites. — Démolition du temple. — Restauration des églises.

Le chapitre Ier de ce livre indique dans l'histoire du couvent une lacune de 26 ans, se terminant en 1603. « Cette année, Suzanne

(¹) Arch. de l'empire, papiers Bouillon.

» d'Aubusson de la Feuillade, religieuse de l'abbaye de Bonne-
» Sagne, fut nommée abbesse. Elle rétablit le monastère et y
» reçut des religieuses (¹). » Depuis l'abjuration de Gabrielle, à
part deux coadjutrices, il n'y avait pas eu d'autre abbesse.

Suzanne était sans doute d'une mauvaise santé lors de sa nomination, car on lui donna bientôt, pour coadjutrice, Françoise d'Aubusson de la Feuillade, sa sœur, qui lui succéda en 1608, et gouverna l'abbaye pendant long-temps. La date de 1639, placée sur le mur qui sert encore de clôture à l'ancien jardin du couvent, à l'angle de la rue du Pont et du ruisseau, autorise à penser que cette abbesse continua les réparations commencées par Suzanne ; car cette date ne peut s'appliquer absolument qu'à l'achèvement des travaux de restauration.

On ne dit pas l'époque de sa mort ; mais elle fut remplacée par une parente du nom d'Honorée d'Oyron, morte en 1671.

D'Honorée d'Oyron, le siége abbatial passa à Jeanne d'Oyron, ou sœur ou nièce d'Honorée. Elle l'occupa jusqu'en 1676.

A la mort de Jeanne, le siége vaqua pendant quelques mois et fut donné, par lettres du roi, le 22 septembre 1677, à Marie-Catherine de Rocquart, religieuse professe de Saint-Pardoux-Larivière, ordre de St-Dominique. Sa nomination fut confirmée par une bulle pontificale, le 11 août 1681.

On regarde cette abbesse comme la seconde fondatrice de l'abbaye, parce qu'elle fit bâtir, sur le bord de la Vézère, à quelque distance de l'ancien qui tombait en ruines, un nouveau couvent, d'une construction élégante, avec une belle église, dans laquelle elle fut enterrée en 1703. Elle racheta en outre divers domaines du monastère, passés entre les mains des laïques, et fit disposer le bel enclos qui subsistait naguère encore en

---

(¹) *Gallia Christiana*, t. II, col. 1501. Tous les détails qui vont suivre sont tirés de cet ouvrage, beaucoup plus laconique que le travail de l'abbé Nadaud.

son entier, limité, au nord, par la rue du Pont, dans laquelle se trouve la vieille maison Rey-Lagarde, dernier débris du vieux couvent dont il a été question au commencement de ce travail ([1]).

Le XVIe siècle avait été une époque d'initiative et de transformation. La liberté d'examen, dans son premier élan, délaissant le passé avec toute la vivacité d'une ardente jeunesse, avait résolu la conquête de l'avenir ; mais le passé, loin de se tenir pour vaincu, avait pris l'offensive, et la lutte, comme on l'a vu, s'était engagée, soutenue de part et d'autre avec une énergie et une opiniâtreté sans égales.

Le XVIIe siècle, moins passionné pour les questions religieuses, s'occupa davantage des intérêts positifs. Non contents de la liberté de conscience, les religionnaires, par défiance pour les catholiques et la monarchie, rêvaient une république. Les catholiques, plus irrités qu'affligés des événements, n'aspiraient qu'à humilier leurs adversaires ; de son côté, plus inquiète des dispositions des religionnaires que préoccupée du soin de conserver l'équilibre dans la balance, la monarchie cherchait à réduire les turbulents à l'impuissance.

Devenu roi, Henri IV, sans se montrer dévoué au parti protestant, avait eu soin cependant de ne pas l'inquiéter. Son fils, Louis XIII, ne prit pas les mêmes précautions. De là des mécontentements qui se traduisirent bientôt en révoltes, auxquelles le Périgord, comme toujours, prit une bonne part. Les choses en vinrent même à ce point que la seule présence du roi put mettre fin aux troubles (1621), pour quelque temps du moins.

Au milieu de ces agitations, le clergé se mit à l'œuvre et

([1]) Depuis 25 à 30 ans, la route n° 11 en a emporté une portion à l'est ; mais tel qu'il est, il constitue encore le plus beau jardin de la localité.

ménagea si bien ses moyens, qu'en moins d'un quart de siècle, il dut se croire plus fort que jamais. Il commença dès-lors cette longue réaction, destinée à préparer la révocation de l'édit de Nantes (1686).

Suspendue un moment, durant les troubles de la minorité de Louis XIV, cette réaction reprit bientôt sa marche ascendante et ne se donna même plus la peine de dissimuler le but qu'elle se proposait.

On a vu qu'un temple avait été ouvert au Bugue en 1577. L'exercice du culte de la religion réformée s'y était assez pacifiquement maintenu jusque vers 1631, où il fut question de le supprimer et de faire démolir le temple; mais ces démarches, renouvelées de distance en distance, ne prirent un caractère grave qu'en 1668. A cette époque, deux commissaires envoyés par le roi, sous le prétexte de faire exécuter l'édit de Nantes, et, réunis à Agen, après s'être livrés à un minutieux examen des pièces, se trouvèrent d'avis contraire, comme il suit [1] :

Le premier, Claude Pelot, intendant de la justice, police et finances, ès-généralités de Guienne, appartenant au parti catholique, prétendait que les ministres, anciens du consistoire et autres habitants du Bugue n'avaient donné aucune preuve de l'établissement du 17 septembre 1577 ni des privilèges, qu'ils faisaient remonter à 1596 et 1597, tandis que le syndic du clergé constatait que le roi, par arrêt du conseil d'état, avait ordonné que l'exercice du culte serait interdit et les temples démolis dans les lieux et terres des seigneurs ayant appartenu à la nouvelle religion, lorsque ces seigneurs seraient redevenus catholiques ou auraient eu des successeurs faisant profession du catholicisme; ce qui était le cas pour le Bugue, puisque le duc de Bouillon, dont l'aïeul et le père avaient été protestants, était

[1] Archives de l'empire, t. 287.

catholique. Que d'ailleurs toutes les autres productions faites par les religionnaires du Bugue ne prouvaient rien.

De son côté, le second commissaire, Pierre Guignard, avocat et représentant des religionnaires, disait que ceux du Bugue justifiaient de l'établissement de 1577 et des droits remontant à 1596 et 1597, comme cela avait déjà été démontré en 1631 ; que, par arrêt du conseil du 27 février 1635, ils avaient été maintenus en l'exercice de leur religion et avaient obtenu du roi de construire un nouveau temple ; que toutes leurs productions étaient excellentes, et que le syndic du clergé n'aboutissait à rien dans tous les faits énoncés par lui ([1]).

Cette divergence eut pour conséquence le maintien provisoire de l'état des choses, mais ne fit pas perdre courage au syndic du clergé, qui, onze ans après, finit par obtenir l'arrêt du conseil suivant:

« Vu par le roi, estant en son conseil, le procès-verbal de
» partage, survenu le 5 avril 1668 entre le sieur Pelot, lors in-
» tendant de justice en Guienne, et Mᵉ Pierre Guignard de la R.
» P. R., advocat en parlement, commissaires depputés par
» S. M. pour l'exécution de l'édit de Nantes et autres édits et
» déclarations donnés en conséquence, et pour pourvoir aux
» entreprises, contraventions et innovations a iceux, en lad.
» province, assemblez dans la ville d'Agen, pour juger le procès
» d'entre le sindic du diocèse de Périgueux contre le ministre,
» anciens du consistoire et autres habitants du lieu Le Bugo fai-
» sant profession de la R. P. R., aux fins de l'exploict à eux
» donné le 12 janvier de ladite année 1668, à ce que deffenses
» leur fussent faictes de faire à l'advenir audit lieu aucun exer-
» cice public de leur religion, et le temple desmoly ; les motifs
» desd. sieurs commissaires, les pièces produites par devers

([1]) Archives de l'empire, t. 287.

» eux, par les parties, deffenses, responses, contredits fournis
» de part et d'autre, l'advis dudit sieur Pelot, commissaire ca-
» tholique, à ce que led. exercice public de lad. R. P. R. soit
» interdit, dans led. lieu de Le Bugo, et le Temple où il se faict
» desmoly ; et led. sieur Guignard, commissaire de lad. R. P.
» R. au contraire à ce qu'il y soit maintenu ; ouï aud. conseil
» le sindic dud. diocèze de Périgueux et celui desd. de la R.
» P. R., le rapport et tout considéré.

» Le roi, estant en son conseil, faisant droit sur ledit partage,
» et vuidant iceluy, a interdit, pour toujours, l'exercice public
» de lad. R. P. R. aud. lieu de Le Bugo, faict deffenses à
» toutes personnes de l'y faire à l'advenir, sur peine de déso-
» béissance, ordonne, à cette fin, S. M. que le temple qui y est
» construit sera desmoly jusques aux fondements, par lesd. de
» la R. P. R., dans un mois après la signiffication qui leur sera
» faicte de ce faire ; led. temps passé, permet S. M. au sindic
» dud. diocèze de Périgueux de faire procéder à lad. desmo-
» lition, aux frais et despens desd. habitants de lad. R. P. R.
» dud. lieu de Le Bugo, lesquels frais seront pris par préférance
» sur les matériaux qui seront vendus à cet effect ; enjoinct sad.
» M. au gouverneur, ses lieutenants généraux en Guyenne, in-
» tendants de justice et tous autres officiers de tenir la main à
» l'exécution dud. arrest.

» A Saint-Germain-en-Laye, le 27 mars 1679 ([1]). »

Comme on le voit, c'était un parti pris, et on supprimait en détail, en attendant de frapper le grand coup.

L'interdiction de l'exercice de la religion réformée au Bugue

---

([1]) Arch. de l'empire, E. 1800. Le registre de la paroisse de Saint-Sulpice pour l'année 1728, fol. 1, v°, porte que la démolition n'eut lieu qu'en 1680, et qu'on érigea sur l'entrée de ce temple une croix terminée en 1728, avec cette inscription : *Crux en calvinistarum templum pede calcat* (voilà que la croix foule du pied le temple des calvinistes). Cette croix ne subsista pas long-temps et le souvenir s'en est perdu.

précéda donc de sept ans la révocation de l'édit de Nantes (1686). Que se passa-t-il pendant ces sept années ? C'est ce que je ne saurais dire. Je serais pourtant tenté de croire que les religionnaires du Bugue, loin de rester indifférents, s'agitèrent, et que sans doute ils firent partie d'une réunion à Limeuil, en 1680, où se trouvait beaucoup de noblesse du pays [1].

La révocation de l'édit de Nantes ayant eu lieu, comme je viens de le dire, en 1686, la démolition des temples, qui jusqu'alors n'avait été que partielle, devint générale et violente, pendant que d'un autre côté on usait de tous les moyens pour convertir les religionnaires, dont la plupart aima mieux s'expatrier que de renoncer à ses croyances. Le procédé le plus usité pour amener ces esprits obstinés à résipiscence, était le sabre et les charges de cavalerie. C'est ce qu'on appela les *Dragonnades*, parce que ces expéditions étaient toujours confiées à des dragons, vulgairement connus sous le nom de *Diables infernaux* [2]. Au milieu de tant d'agitation et de tumulte,

[1] Arch. de l'empire, T. 258, liasse 94.
[2] Je dois à la vérité de dire qu'il n'y eut point de persécution au Bugue, et que l'archiprêtre Durand de Ramefort, qui y vint peu de temps après la révocation de l'édit de Nantes, de même que le curé de Saint-Marcel, se montrèrent toujours très tolérants. Voici les détails que j'ai retrouvés dans les registres de la paroisse de Saint-Sulpice :
« Le 12 avril 1749 a esté esteinte, dans cette paroisse, l'hérésie de
» Calvin, dite vulgairement des huguenots, par l'heureuse conversion
» de Françoise Poulquery, veufve de Jean Lafon, dit Du Port, en foy
» de quoy j'ai signé, Durand, archiprêtre du Bugue.
» Cette hérésie avait fait, dès son commencement, de grands progrès
» dans ceste paroisse, et dans celle de Saint-Marcel, mais surtout
» dans le bourg du Bugue, où ils avaient un temple, un ministre; et
» dans le présent bourg, il n'y avait pas autrefois plus de trois ou qua-
» tre maisons catholiques. Les gens de la campagne avaient mieux con-
» servé la foy, car je n'ay pas sceu qu'il y eut d'autres huguenots dans
» les villages de nostre paroisse que trois maisons à Cumon, trois à la
» Garde, deux aux Brigoulets, trois à la Cave, à la Forge ou à la Carbon-
» nière, deux à la Faure, deux à Malmussou, deux à la Bessade; et dans
» les villages de Saint-Marcel, je n'ai pas sceu qu'il y en eut aucun. »
En parlant de Gaston Simon, sieur du Sorbier, dont il sera bientôt question dans une note, il est dit qu'il fut le dernier des hérétiques de la paroisse de Saint-Marcel.

le désir de réparer ou reconstruire les églises s'empara tout naturellement du clergé. On commença d'abord par faire un relevé de la valeur des biens des consistoires. Celui du Bugue en possédait pour 888 liv. 11 s. 8 d., plus pour 160 liv. de legs faits aux pauvres (¹). On fit ensuite le relevé des églises à construire ou à réparer, dans lequel on lit : « *Saint-Sulpice du* » *Bugue*. Il y a plus du quart de nouveaux convertis. C'est un
» grand lieu de passage. Toute la nef à faire. Il est à désirer
» que l'église soit fort grande pour contenir toutes les person-
» nes qui s'y trouvent les jours de foire et de marché. Il n'y a
» présentement de bâti que le sanctuaire et deux chapelles.
» Tout ce qui a été fait, l'a été aux dépens de l'archiprêtre du
» lieu, les habitants n'ayant contribué que pour 500 liv. L'on
» achèverait de mettre cette église en état pour 2,550 liv. ;
» l'archiprêtre offre d'en donner 500 ; ainsi il ne faudrait plus
» que 1,550 liv. (²). »

On lit à la fin du travail : « La dame Rocquart, abbesse de
» l'abbaye du Bugue, a représenté qu'ayant trouvé cette ab-
» baye sans closture, avec peu de logement et une église en
» ruine, elle a fait beaucoup de dépense pour mettre les lieux
» en bon état ; qu'elle a eu plusieurs personnes de la R. P. R.
» qui s'y sont faites instruire pour embrasser la religion catho-
» lique, ce qui a causé beaucoup de dépense au couvent, et que
» la paroisse dud. lieu du Bugue ayant été hors d'état d'y faire
» le service divin, dans son église, M. l'évêque de Périgueux l'a
» transférée, depuis six ans, dans l'église de lad. abbaye, la-
» quelle a été beaucoup gastée, par la foule du peuple. Les
» ornements ont été usés, sur quoi elle demande une somme

(¹) Arch. de l'empire, t. 235, liasse 71.
(²) *Ibid, ibid, ibid*, c'est 2,050 liv. qu'il faudrait dire, à moins qu'on ne veuille considérer les 500 liv. fournies par les habitants du Bugue comme devant être déduites des 2,550 livres.

» telle qu'il plaira à S. M. pour être employée à la réparation
» de lad. église et ornements (¹). »

On voit qu'il n'est pas du tout question de Saint-Marcel, ce qui donne à penser qu'il n'avait pas souffert comme St-Sulpice.

Du reste, les travaux de restauration de Saint-Sulpice ne s'exécutèrent ni rapidement ni d'une manière complète, puisqu'on ne termina ce qui avait été entrepris qu'en 1726 (²), et qu'aujourd'hui encore la nef est à bâtir (³). Quant aux biens provenant du consistoire, le roi, « sur l'avis du sieur évê-
» que de Périgueux et du sieur de Bezons, intendant en la géné-
» ralité de Bordeaux, » les donna par moitié à l'hôpital de la *Manufacture* et à celui des Malades de Périgueux (⁴).

CHAPITRE QUATRIÈME.

Suites et conséquences des guerres de religion. — Les Maurisques. — La peste. — Les croquants. — La fronde. — Administration. — Navigation. — Maladies contagieuses. — Famine. — Industrie et commerce du Bugue.

Plus consternés qu'irrités de la conversion d'Henri IV (1594), les religionnaires avaient manifesté hautement leur inquiétude,

(¹) Archives de l'empire, t. 235, liasse 71.
(²) Une pierre portant la date 1726, 20 septembre, placée au milieu du mur du bas-côté faisant face à la place, ne peut avoir d'autre signification.
(³) Pour donner une idée de la ferveur dont la révocation de l'édit de Nantes et les dragonnades avaient animé les esprits, je crois devoir rapporter ici le fait suivant : Une partie de la famille Dessalles avait adopté la réforme, et chacun vivait en paix dans sa croyance. Après 1686, Jean Dessalles, avocat au parlement de Bordeaux et juge de la juridiction de Limeuil, s'occupa très activement des réparations de l'église de Saint-Sulpice, et y contribua si bien de sa poche, que l'archiprêtre lui concéda une place spéciale dans ladite église, pour lui et les siens, avec un banc pendant les offices, et le droit d'y être enterrés après leur mort (j'ai l'acte devers moi). Ce qui n'empêcha pas que la réforme se maintint dans la famille jusque vers le milieu du siècle dernier, où Odet Dessalles, fils du juge, fit enterrer, dans son jardin, le dernier de ces protestants, appelé Gaston Simon, sieur du Sorbier, et mort le 10 avril 1750.
(⁴) *Echo de Vésone*, 15 mars 1844 (pièce communiquée).

et même montré du mécontentement sur quelques points. Ils n'allèrent cependant pas jusqu'à prendre les armes. Sans leur donner pleine sécurité, l'édit de Nantes les rassura beaucoup, et l'attachement qu'ils portaient au prince, sous lequel ils avaient combattu et triomphé, joint à la bienveillance dont Henri les entoura toujours, leur fit un devoir de ne pas troubler la paix, tout le temps que ce monarque vécut.

A sa mort, les dispositions changèrent de part et d'autre, et bientôt la lutte recommença. L'histoire ne dit pas s'il se passa rien au Bugue de particulier, mais l'appel aux religionnaires ayant été général, ceux de cette localité ne durent pas s'abstenir plus que les autres de participer à la prise d'armes.

Les troubles religieux se prolongèrent plus ou moins animés en Guienne jusque vers 1629 ([1]).

En janvier 1610, les Maurisques, c'est-à-dire les descendants des Maures qui avaient occupé l'Espagne dans le VIIIe siècle de notre ère, furent expulsés de la Péninsule. Ils demandèrent à s'établir dans les landes de Gascogne; mais la masse y renonça, parce qu'on voulait l'obliger à professer le catholicisme. Il est à croire cependant que quelques-uns se résignèrent à quitter leur religion, dans l'espoir d'échapper aux maux que la persécution leur faisait entrevoir. On rapporte, et il paraît très réel, que l'un d'eux se détacha des bandes considérables qui passèrent par Bayonne ([2]), pour gagner Marseille, et vint au Bugue; qu'il se fixa à Malmussou-Haut, y construisit une magnifique habitation, dont on y voit encore des restes imposants ([3]), et s'y fit aimer et estimer de tout le monde. Cet événement, survenu au milieu des troubles, ne fit qu'une médiocre sensation. Et de

---

([1]) La présence du roi à Bergerac, en 1621, semblait avoir tout apaisé; mais ce fut à recommencer l'année suivante.

([2]) On évalue à plus d'un million le nombre des expulsés, et à plus de cent mille ceux qui passèrent par Bayonne.

([3]) Les murs du parc sont encore en partie debout.

fait, les questions religieuses n'étaient pas les seules causes d'agitation qui travaillaient le pays, car le cahier de la noblesse de la province, assemblée à Périgueux, le 8 septembre 1611, pour nommer un député aux états généraux, nous apprend que le désordre s'était glissé dans tous les rangs de la société, et que les *traitants* et *partisans* causaient surtout des maux infinis par l'acharnement qu'ils mettaient à spolier le pauvre peuple, au moyen d'hommes de guerre pris à leur solde, qui ravageaient la campagne, enlevaient les femmes, violaient les filles et commettaient les plus affreux excès. Il nous apprend aussi que les archevêques, évêques, abbés et autres ecclésiastiques *s'ingéraient* beaucoup trop à *manier* les affaires de l'état, *dont ils ne devraient pas se mêler*, au lieu de résider dans leurs diocèses, bénéfices, etc. (¹).

La confusion était donc générale, et les esprits, inquiets, s'agitaient sans cesse dans l'espoir d'échapper enfin à la situation. Ajoutez à cela la peste, qui en 1631 vint ravager le pays, depuis les premiers jours de juillet jusqu'en octobre (²).

Cependant, par cela même que la confusion était générale, il était impossible d'améliorer le sort du peuple, en coupant court aux abus qui se perpétuaient et grandissaient en raison inverse des ressources. La misère ne fit donc qu'aller croissant pendant plus d'un quart de siècle, si bien qu'à peine le tumulte religieux fut-il apaisé ou pour mieux dire comprimé par la force, que les habitants des campagnes du Périgord se soulevèrent comme un seul homme, et demandèrent justice, les armes à la main.

Le prétexte de la révolte fut la *gabelle*, nom sous lequel était désignée la foule des subsides demandés qu'on ne pouvait plus payer. Une lettre du duc de La Valette au cardinal Ri-

---

(¹) Arch. de l'empire. M 800.
(²) Ms. de M. de Simon, appartenant actuellement à M. de Floirac.

chelieu, datée de Bordeaux, le 25 juillet 1633 (¹), porte : « Il
» n'y a pas une seule ville, dans l'étendue de la province, qui
» ne se soit ressentie de la sédition, et dans laquelle l'on n'aye
» vu des marques de fureur, n'y petite bourgade qui en aye
» été exempte. » Le tumulte était donc général, et le Bugue
dut y prendre part comme tout le reste du pays.

Après divers mouvements de troupes et différentes exécutions fort maladroitement faites (²), suivies d'une sorte d'amnistie, on put croire un moment, en 1636, que la Guienne était rentrée dans l'ordre ; mais l'illusion ne fut pas longue, et bientôt le Périgord surtout s'agita plus violemment que jamais. Le soulèvement populaire y prit même très rapidement un caractère des plus alarmants.

Dans cette occurrence, comme dans beaucoup trop d'autres, la première chose que l'on fit ce fut de flétrir d'un sobriquet déjà odieux ces actes de désespoir, blâmables sans nul doute, mais qui n'avaient d'autre cause que l'excès de souffrances et de privations ; on appela ces séditieux *croquants,* en souvenir des malheureux révoltés des frontières du Périgord et du Bas-Limousin (1594), qui, manquant de tout et mourant de faim, reçurent impitoyablement ce nom dérisoire.

Ce n'est pas ici le lieu de faire l'histoire des croquants de 1636 ; mais comme toutes les populations du Périgord y prirent plus ou moins de part, il me paraît indispensable d'entrer dans quelques détails généraux.

L'insurrection eut ses chefs dès le principe, qui cherchèrent

---

(¹) Arch. de l'empire. K 134 (Guienne, deuxième partie). Dans des lettres postérieures, ce seigneur paraît prendre intérêt à la misère du peuple, et demande une amnistie générale, avec remise des subsides que la province est hors d'état de payer.

(²) Une lettre de d'Aguesseau à Richelieu nous apprend qu'on prenait à l'hôpital des révoltés blessés et qu'on les mettait à mort en face du peuple, espérant ainsi rétablir le repos. Arch. de l'empire, *ibid.*

à l'organiser fortement et régulièrement. Un manifeste sans date, mais appartenant à 1636 ([1]), nous fait connaître toutes les précautions prises pour éviter le désordre. Deux autres documents, de 1637 ([2]), nous expliquent comment les ordres étaient donnés et exécutés. Un quatrième, de la même année ([3]), nous apprend qu'on fit une démarche auprès du trône pour assurer le roi que les communautés assemblées, sous la dénomination de *Commune de Périgord*, non-seulement ne lui étaient point hostiles, mais encore lui gardaient toute leur fidélité ; qu'elles n'en voulaient qu'aux financiers, dont les oppressions étaient devenues insupportables, et qu'une fois affranchies des mauvais traitements auxquels elles étaient en butte, et dont ce manifeste contient une description détaillée, elles étaient prêtes à mourir pour son service.

Le résultat de cette tentative fut la dispersion de bandes mal organisées, le massacre d'un grand nombre de pauvres diables, non moins à plaindre qu'à blâmer, et l'enlèvement des cloches, dans la plus grande partie des paroisses, par le duc de la Valette, parce qu'elles servaient à rassembler les mutins ([4]). Le Bugue fut-il privé des siennes? C'est ce que je ne saurais dire.

Cependant, Louis XIII étant mort en 1643, la minorité de Louis XIV devint une source de nouveaux troubles qui éclatèrent sur une grande échelle en 1649, et eurent pour conséquence des luttes intestines sous le nom de *Guerre de la fronde* ([5]). La Guienne eut la plus large part dans ces troubles, et le Périgord fut un des centres les plus actifs des frondeurs, dont le prince de Condé était l'âme et le chef. Le pays tout

---

[1] Bibl. impériale, coll. Dupuy, reg. 470-473.
[2] *Ibid. Ibid.*
[3] *Ibid. Ibid.*
[4] Arch. de l'empire, conseil secret, arrêt de 1642.
[5] On a beaucoup écrit sur la fronde, et pourtant une bonne histoire de la fronde en Guienne est encore à faire.

entier se tint en armes pendant plus de deux ans. Dans cette occurrence, le Bugue devait se ressentir et se ressentit, en effet, des secousses incessantes d'une guerre semi-railleuse, semi-terrible qui répandait l'inquiétude et le malaise partout.

Les premiers symptômes alarmants se manifestèrent vers la fin de 1648. Atteints dans leurs traitements, par suite du refus de vérification de divers édits bursaux, dictés par le besoin d'argent, le parlement de Paris, la cour des aides et le grand conseil firent une vive opposition à Mazarin, alors principal ministre [1]. Le peuple, que ces impôts écrasaient, prend fait et cause pour ces cours. Le parlement rend des arrêts d'union avec les parlements de province. Mécontent du duc d'Epernon, gouverneur de Guienne, le parlement de Bordeaux saisit cette occasion pour engager la lutte. Les peuples de la Guienne, plus maltraités encore que celui de Paris, font cause commune avec le parlement et s'arment pour le soutenir. Toute vive et générale qu'elle était devenue, cette première agitation finit par se calmer, au moyen de quelques concessions de la part de la cour; mais l'arrestation des princes de Condé, de Conti et de Longueville, par ordre de la reine-mère (1650), brouille les cartes plus que jamais, et la venue, en Guienne, de la princesse de Condé, qui s'était échappée de Chantilly avec son fils et avait pu gagner le château de Turenne et de là Bordeaux, y relève le courage des frondeurs, qui s'y organisent et se mettent en mesure de s'y maintenir long-temps.

Cependant, la détermination du jeune Louis XIV d'aller assiéger Bordeaux les déconcerte un peu, et un semblant de paix est conclu ; mais par le fait on ne dépose pas les armes, et les deux partis se harcèlent jusqu'en 1653. Dans le cours d'un peu plus de deux années que dure cette intermittence, les intrigues

[1] **Pour les punir de leur résistance, Mazarin avait ordonné la retenue de leurs traitements.**

se croisent, les princes sortent de prison ; Mazarin est expulsé de France, le prince de Condé se met à la tête des frondeurs ; Mazarin, rentré, est renvoyé de nouveau pour rentrer une seconde fois, le 3 février 1653. C'est à la suite de ce second rappel que la guerre civile prend en Guienne des proportions inaccoutumées et que le Périgord devient le théâtre de marches, de contre-marches, de combats multipliés et de surprises incessantes.

Parmi les officiers supérieurs placés sous les ordres du prince de Condé, le colonel Baltazar (¹), l'un des plus actifs et des plus dévoués, avait occupé le pays, entre Bergerac et Sarlat, pendant tout le mois de mai (²), d'où il faut nécessairement conclure qu'il avait visité le Bugue. Vers la fin de l'année, ce même Baltazar, après avoir raffermi l'autorité des princes dans Bergerac, qui semblait hésiter, se porta de nouveau sur le Bugue et s'y logea pendant huit jours avec ses troupes (³), feignant de vouloir attaquer Sarlat ; mais, en quittant cette localité il prit la route de Périgueux, au moment où Marchin et Chavagnac se rendaient maîtres de Sarlat, le 24 décembre, et l'occupaient jusqu'au 24 mars suivant (1653), que cette ville fut reprise par l'armée royale, de concert avec les habitants, et replacée sous l'autorité du roi. C'est vers cette époque que la tradition place la destruction du pont du Bugue, sur la Vézère, sans qu'on puisse dire cependant qui, des frondeurs ou des royalistes, opéra cette destruction (⁴).

(¹) Voir Moreri à son sujet.
(²) *Hist. de la guerre de Guienne*, p. 41.
(³) *Ibid.*, p. 46.
(⁴) Voici cette tradition telle que je l'ai recueillie de la bouche de mon grand-père : « J'étais bien jeune, me disait-il, lorsque vivait encore un
» vieillard de 105 ans, dont les enfants du Bugue aimaient à entendre
» les récits. J'allais l'écouter comme les autres. Un jour, il nous ra-
» conta que, dans son extrême jeunesse, il avait été témoin d'une chaude
» alarme, qui avait mis en émoi toute la population. On sonna les

La fronde fut la dernière période d'agitation armée dans le Périgord. Quelques années plus tard, Louis XIV, ayant pris les rênes du gouvernement, s'entourait d'hommes spéciaux et dévoués, dont le génie organisateur transformait la France et donnait à l'administration une direction jusqu'alors inconnue. Cependant, le temps des épreuves n'était pas encore épuisé, et les questions religieuses, soulevées de nouveau, devaient se substituer de nouveau aux questions politiques. On a vu dans le chapitre précédent ce qui se passa au Bugue lors de la suppression du culte réformé et de la démolition du temple. Je n'ai donc à m'occuper ici que des améliorations introduites dans notre petite ville par les soins de l'administration intelligente qui fit la principale gloire du règne de Louis XIV.

Au xviiie siècle, il existait au Bugue un bureau de contrôle, un bureau de poste et un entrepôt de tabac. De ces trois établissements, les deux premiers remontaient au xviie siècle. Voici du moins ce qui me porte à le croire :

En 1581, Henri III avait institué des officiers contrôleurs des titres en chaque siége du royaume, avec attribution de droits, pour enregistrer les contrats excédant cinq écus en principal ou trente sols en rentes foncières, les testaments, les décrets et expéditions entre vifs et de dernière volonté.

Un autre édit du mois de juin 1627 créa des offices de contrôleurs de tous les actes reçus et expédiés par les notaires.

Enfin, l'édit de Louis XIV du mois de mars 1693 rendit générale la formalité du contrôle.

» cloches, on prit les armes, on se barricada, et, pour éviter une surprise, » on rompit le pont. » Mon grand-père, né en 1738, avait 10 ans en 1748. C'est sans doute vers cette époque que ce vieillard lui apprit la destruction du pont. Puisque ce vieillard avait alors 105 ans, il était né en 1643, et avait 9 ans si le pont fut rompu en 1652 ou 10 s'il ne le fut qu'en 1653. Il pouvait donc, dans l'un et dans l'autre cas, parfaitement se rappeler cet événement mémorable pour la localité.

L'établissement d'un bureau de contrôle au Bugue date-t-il de 1581 ? Je ne le pense pas, quoique cette localité, tout en faisant partie de la juridiction de Limeuil, qui n'était point siége royal, ressortît cependant au siége royal de Lalinde, et par conséquent pût être choisie pour la résidence du contrôleur, à cause de son importance commerciale. A mon avis, l'état du pays en 1581 et la disposition des esprits repoussent cette idée ; mais rien ne s'oppose à ce que cet établissement remonte à l'édit de 1627 ; dans tous les cas, il ne saurait être postérieur à 1693.

Quant au bureau de poste, tout donne à penser qu'il fut établi sous le ministère du grand Colbert, dont le nom se rattache à toutes les belles institutions françaises ; mais s'il lui est postérieur, il appartient néanmoins au règne de Louis XIV, car il est certain qu'il existait en 1703, époque où fut formé le premier tarif des ports de lettres, puisque le tarif de 1759, qui régla la matière jusqu'à la révolution, l'indique comme l'un de ceux appartenant à une création ancienne ([1]).

Il y eut un tremblement de terre en 1660 qui se fit sentir dans presque toute la Guienne ([2]), et par conséquent au Bugue.

Fort anciennement, on s'était occupé de rendre la Vézère navigable. Dans le cours du XVIIe siècle, on reprit les travaux et on fit divers pas ou barrages. Les bateaux devaient monter jusqu'à Terrasson. Toutefois, ces travaux ne furent jamais poussés avec une grande activité.

Des maladies épidémiques survenues en 1692 et 1693 enlevèrent près d'un tiers de la population du Périgord ; si bien qu'il n'y avait plus assez de bras pour cultiver la terre ([3]).

([1]) *Encyclopédie méthodique*, finances, t. II, p. 69.

([2]) Tarde. *Antiquités du Périgord et du Sarladais.*

([3]) *Ibid*, etc. Mém. sur la généralité de Bordeaux, dressé en 1698 par ordre du roi.

Comme on le pense bien, ces épidémies n'épargnèrent pas le Bugue; ajoutez à cela les orages et les gelées qui détruisirent les vignes (¹), et on ne s'étonnera pas qu'en 1694 la famine fut telle qu'on vit de pauvres malheureux mourir de faim (²).

Le Bugue a eu pendant long-temps une industrie qui lui était propre. Je veux parler de la *bonneterie*, de la *chaussetterie*, des *bures, étamines, ras*, etc., en laine du pays. Je n'ai rien trouvé qui me permît de fixer l'époque où commença cette industrie; mais je suis porté à croire qu'à la suite de la paix, elle prit un grand développement, et qu'elle influa beaucoup sur le mouvement commercial qui se faisait sentir à la fin du XVIIe siècle.

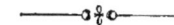

CHAPITRE CINQUIÈME.

<small>Le couvent et ses abbesses au XVIIIe siècle. — Il est dévoré par un incendie. — Son rétablissement. — Suites de ce rétablissement. — Son revenu. — Son école. — Sa règle.</small>

A Catherine Rocquard succéda Louise de Vassal de La Barde, fille de Marc-François de Vassal de La Barde et de Gabrielle de La Barthe (³). Elle gouverna quarante ans l'abbaye, et fut

---

(1) Tarde. *Antiquités du Périgord et du Sarladais*. On y lit : « Il a
» fait, dans la province de Guienne et de Périgord, un orage accom-
» pagné de pluie et de grêle qui a duré 9 jours de suite, pendant les-
» quels il n'a pas cessé de tonner et de faire des éclairs..... Cet orage
» a été égal dans toutes les villes de la Guienne et du Périgord, et le
» tonnerre est tombé en plus de 60 endroits de la ville de Périgueux. »

(²) Tarde. *Antiquités du Périgord et du Sarladais*.

(³) Les mots Barde et Barthe sont synonymes et signifient l'un et l'autre *bois taillis*. Depuis un certain temps, une branche des de Vassal se trouvait substituée à la maison des Montlouis, dont il est parlé dans le chapitre deuxième de ce livre, qui eux-mêmes avaient remplacé la branche des Veyrines, qu'on a vue possédant la Barde en 1382.

remplacée en 1743 par Henriette Beaupoil de Saint-Aulaire, bénie le 8 septembre 1745, par Jean Chrétien de Macheco de Prémeaux. Elisabeth d'Aubusson de Lafeuillade vint après ; elle occupa le siége dès 1759, et était encore abbesse au moment de la révolution (1789).

Catherine Rocquart avait sans doute obtenu, avant sa mort, ou Louise de Vassal obtint, après elle, les fonds nécessaires pour la restauration de l'église, car il n'est plus question de la réclamation faite par la première de ces deux abbesses. Nous savons d'ailleurs que Louise de Vassal fit construire le dortoir du couvent, ce qui prouve suffisamment que Catherine Rocquart ne termina pas l'œuvre entreprise par elle. A part ces travaux d'achèvement et quelques autres sans doute d'embellissement, il ne se passa rien sous Louise de Vassal ni sous Henriette Beaupoil de Saint-Aulaire, digne d'intérêt particulier ; du moins la tradition ni les actes ne font mention d'aucun événement de quelque importance.

L'avènement d'Elisabeth d'Aubusson fut signalé par une grande catastrophe. Un vaste incendie dévora le couvent, et contraignit les religieuses à se disperser et à se retirer chez des parents ou chez des amis, jusqu'à la reconstruction de l'établissement, opérée tant bien que mal, au moyen des dons, secours et économies sur les revenus de l'abbaye.

Par malheur, fait avec parcimonie et confié à des ouvriers incapables, à cause de l'insuffisance des ressources, ce travail se trouva tellement défectueux, qu'environ vingt-trois ans après (1781), le nouveau bâtiment menaçait ruines. Il fallut donc sans retard s'occuper de le réparer.

Voici ce qu'on lit dans une supplique adressée par Elisabeth d'Aubusson et Claire de Lestrade, co-adjutrice, au cardinal de Luines et autres évêques composant la commission à laquelle

elles eurent recours : « Nous payons cher, nos seigneurs, cette
» économie, puisqu'une maison, dont l'extérieur paraît encore
» neuf, menace d'une ruine prochaine, et nous force, pour évi-
» ter d'être ensevelies dans sa chute, d'en faire démolir et re-
» bâtir la principale partie, où se trouvent précisément nos
» chambres, celles de nos religieuses, le réfectoire et la cui-
» sine (¹). »

Cette démarche avait lieu en 1782, à la suite d'une visite au couvent par Bosche, prieur de Savignac, que l'évêque Grossoles de Flamarens avait délégué en qualité de commissaire, le 30 janvier 1782, accompagné de Germillan, comme secrétaire, et de Verdier, architecte de Sarlat, chargé d'apprécier l'état des lieux et de faire le devis estimatif des dépenses nécessaires, dont voici le résumé :

Pour réparations ou reconstructions au couvent (chambres, dortoir, cuisine, réfectoire, église et autres dépendances)... 20,920 l. 15 s. 10 d.

Pour les fours, bâtiments et boutiques y attenant et clôture du jardin............ 13,576   9   0

Pour les métairies de la Faure, de La Borie, de Goutenègre, de Petit-Paris, deux autres qui ne sont pas nommées, les Grillés et le borderage de Vigneron.   7,239   »   »

Honoraires de l'architecte.............   2,086 16   2

TOTAL........... 43,823 l. 1 s. 0 d.

Il n'est pas dit quand ces travaux furent commencés ni quand ils furent finis ; nous savons seulement qu'ils furent faits.

(¹) Archives départementales.

Ce devis estimatif nous a été conservé, ainsi que le procès-verbal du prieur Bosche (¹) dans lequel se trouvent : 1° la supplique dont un fragment a été rapporté plus haut; 2° la liste des religieuses et sœurs converses dont voici les noms et l'âge :

Religieuses de chœur.

Elisabeth d'Aubusson de Lafeuillade, abbesse, âgée de 77 ans.
Claire de Lestrade, co-adjutrice.................... 26
Léonore de Bézenat de Millat, prieure.................. 72
Françoise de Roux de Moncheuil, sous-prieure........ 54
Toinette de Châtenet............................... 55
Thérèse de Senaillac................................ 44
Marthe de Lanauve................................. 56
Catherine Siozard Fontenille....................... 44
Jeanne Antignac................................... 37
Marie de Saint-Antoine............................ 36
Louise Geoffre.................................... 38
Françoise de Maisonneuve......................... 29
Justine de Royer................................. 38
Marguerite Souillat.............................. 32
Elisabeth de Salvert............................. 38

Sœurs converses.

Catherine Rousselle............................... 50
Anne Paget....................................... 50
Marguerite Lafon................................. 40
Marguerite Borie................................. 44
Catherine Feydel................................. 33
Madelaine Hubert................................. 26

(¹) Archives départementales.

3° L'état suivant de tous les biens et revenus de l'abbaye :

CHAPITRE PREMIER. — REVENUS ORDINAIRES.

Art. 1ᵉʳ. — *Biens fonds.*

1° Un enclos que l'abbaye fait exploiter, contenant 2 journaux (4 quartonnées ⁴/₅ ou autrement 80 ares) fermé de murailles, en fort mauvais état, qui ne sont même pas assez hautes pour servir de mur de clôture, ainsi que l'architecte le rapporte. Cet enclos, partie en jardin, partie en verger, peut rapporter annuellement, tant en jardinage que fruits, environ 50 l.

2° Six médiocres domaines, exploités par une paire de bœufs chacun, et trois petits borderages qui, réunis avec les domaines, contiennent 200 journaux de terre labourable (480 quartonnées ou 80 hectares) et 50 journaux (120 quartonnées ou 20 hectares) de fonds presque incultes. Le tout ensemble produit, année commune, la valeur de 400 quartons (¹) de tous bleds qui, à 3 livres le quarton, montent... 1,200 l.

300 l. de chanvre, à 5 s. la l............................. 75

100 l. de laine, à 15 s. la l.............................. 75

60 sacs de châtaignes, année commune, à 24 s. le sac.. 75

15 quartons de fèves de toute espèce, à 3 l. le quarton.. 45

Profits sur les bestiaux.................................... 150

Cinq petites pièces de vignes que l'abbaye fait cultiver par des vignerons à moitié. Ces vignes peuvent produire, année commune, environ 12 barriques de

A reporter............. 1,620 l.

(¹) Le quarton pesait 45 livres, ce qui faisait que le sac était de 180 livres ou de 90 kil.

Report............	1,620 l.
vin, à 14 l. la barrique....................................	168
Un four banal, dans le Bugue, affermé................	800
Un bois châtaignier affermé................................	8
Un autre bois affermé.......................................	100
Un autre *id*...	36
Un autre *id*...	12
Le bénéfice de St-Cirq-du-Bugue, affermé, la portion congrue distraite (¹)...............................	168
Le bénéfice de Montmadalès, la portion congrue distraite..	300
Le bénéfice de Marnac.....................................	104
Rentes directes (160 quartons de tous bleds), lods et ventes...	600
Total....................	3,966 l.

Art. 2. — *Contrats provenant des aumônes dotales.*

Par contrat de profession de Jeanne d'Abzat, reçue le 15 septembre 1710, doit le seigneur de Bigaroque 2,000 l. Revenu...	100 l.
Id. de Thérèse de Pressat, reçue le 10 juillet 1725, doit Mme de Beaulieu 3,000 l. (²). Revenu............	150
Id. de Léonore de Bezenat, de Millat, reçue le 22	
A reporter............	250 l.

(¹) La portion congrue était ce que recevait un curé pour son traitement.

(²) On lit en marge : N^a. On refuse de payer ces deux premières rentes, sous prétexte que l'abbaye ne peut pas produire de lettres patentes dérogatoires à l'édit du 28 avril 1693. Comme l'abbaye n'est pas en état de soutenir un procès, elle eut recours à M. Bertin, il y a deux ans, pour obtenir ces lettres patentes dont elle était nantie autrefois, suivant toute apparence, mais qui furent consumées par les flammes en 1759, ainsi que la maison, avec presque tous les titres. M. Bertin a depuis quitté le ministère, sans s'en être occupé.

Report............ 258 l.

novembre 1730, doit M. Roger 1,500 l. Revenu....... 75

Id. de Françoise de Roux de Moncheuil, reçue le 23 juillet 1748, doit le sieur Dumas 2,500 l. Revenu..... 125

Id. de Thérèse de Senaillat, reçue le 30 janvier 1753, doit M. de Senaillat 1,500 l. Revenu............. 75

Id. de Marie de St-Chaman, reçue le 5 février 1718, doit Mme Laporte 3,000 l. Revenu....................... 150

Id. de Jeanne Antignac, reçue le 30 octobre 1762, doit M. Antignac, 300 l. Revenu......................... 15

Id. de Françoise de Maisonneuve, reçue le 11 janvier 1772, doit M. de Maisonneuve 3,000 l. Revenu... 150

Id. de Justine Roger, reçue le 12 janvier 1772, doit M. Roger 2,000 l. Revenu.................................. 100

Id. de Marguerite Souillat, reçue le 12 juillet 1774, doit M. Lapeyrière 3,000 l. Revenu................. ... 150

Id. de Elisabeth Salvert, reçue le 24 juillet 1774, doit M. Lacoste 2,600 l. Revenu...................... 130

TOTAL du deuxième article................ 1,220 l.

CHAPITRE DEUXIÈME.

Pensions sur la tête des religieuses de chœur....... 560 l.
Pensions sur la tête des sœurs converses............ 68
20 pensionnaires, dont 12 à 150 l., et 8 à 100 l... 2,600

TOTAL du deuxième chapitre.......... 3,228 l.

TOTAL des revenus..................... 8,414 l.

DÉPENSES.

Chap. Ier. — *Charges ordinaires.*

Rentes foncières aux seigneurs de Limeuil, de Vassal, de La

Barde et chapitre de Saint-Cyprien........................	50 l.
Décimes...	150
TOTAL................	200 l.

Chap. II. — *Charges extraordinaires.*

Chapelain..	300 l.
Syndic...	100
Médecin..	100
Chirurgien et apothicaire................................	300
Retraites, discours, confesseurs extraordinaires.....	100
Homme d'affaires..	100
Huit domestiques de l'un et de l'autre sexe..........	348
Sacristie...	200
Bouche, chauffage, tant pour les religieuses, sœurs et domestiques que pour les pensionnaires.............	6,280
Vestiaires...	650
TOTAL du deuxième chapitre................	8,478 l.
TOTAL de la dépense.......................	8,678 l.

Différence en plus sur la recette, 264 l.

Ajoutez à cela, qu'à cause de la détresse de la communauté, on ne portait pas en compte l'entretien des bâtiments, évalué à 500 l.

On trouve encore dans ce compte, comme chapitres additionnels, les dettes actives et mobilières, sans intérêt, et les dettes passives et mobilières, dont voici le relevé :

Dettes actives et mobilières sans intérêt.

Doit M. de Labarrière de Trémolat, par contrat du 10 juillet 1777...	1,000 l.
A reporter............	1,000 l.

Report............	1,000 l.
M. de Senaillat...	320
Sur les arrérages des pensions viagères des religieuses de chœur...	1,030
Total.......................	2,350 l.

Dettes passives et mobilières.

Doit l'abbaye au sieur Delbos, marchand de Cadouin, pour beurre, huiles, fromage, chandelles et suif.............	400 l.
A Hubert, marchand du Bugue, pour sucre, café, épiceries..	300
Au sieur Boucher, marchand à Périgueux, pour bougie et autres choses...	300
Au sieur Neveu, marchand du Bugue..................	100
Au sieur Laborie, pour brique, tuile et chaux.......	600
A des ouvriers..	100
Aux domestiques...	100
Au chirurgien...	300
Au médecin..	100
Total.......................	2,300 l.

D'où il résulte que les dettes actives et les dettes passives se compensent à 50 l. près, ce qui ne changeait pas de beaucoup la situation de la communauté, déjà fort précaire, surtout comparativement à ce qu'elle avait été et à ce que nous savons qu'elle était au xiiie siècle.

Nous avons vu figurer au compte le produit de la pension de vingt élèves. On lit dans la supplique dont il a déjà été question :

« Les soins que, dès son établissement, cette abbaye a pris

» des jeunes demoiselles, et son zèle à réunir les principes de
» vertu avec ceux de l'éducation nécessaire dans le monde, lui
» ayant mérité les suffrages et la plus grande réputation dans
» sa province, réputation qui sans doute a donné à ses diffé-
» rentes abbesses et religieuses la douce satisfaction d'y voir,
» de tout temps, et notamment depuis le commencement de ce
» siècle, passer au voile et successivement à la profession quan-
» tité de dames des premières maisons du Périgord, c'est leur
» mérite qui sans doute a laissé, dans leurs neveux, le désir d'y
» voir élever leurs demoiselles ; avantage que la dame abbesse
» ne peut leur procurer, n'ayant point de pensionnat ni de
» chambres à les loger. Cet inconvénient la force de se res-
» treindre, malgré les demandes qu'on lui fait journellement, à
» une vingtaine de petites pensionnaires qu'elle loge fort à l'é-
» troit, et qu'elle reçoit à la modique pension de 150 l., double
» avantage surtout pour la pauvre noblesse. »

Ces détails, donnés d'une manière aussi affirmative, ne me paraissent pas plus exacts pour cela. Tout porte à croire, au contraire, que l'enseignement ne fut pratiqué dans le couvent de Saint-Salvador qu'à partir de la révocation de l'édit de Nantes ; qu'il n'eut d'abord pour but que l'instruction des protestants qui voulaient redevenir catholiques ou qu'on forçait à se convertir, et l'éducation de leurs enfants ; que plus tard les soins des religieuses s'étendirent à toutes les jeunes filles qu'on leur confia, autant du moins qu'elles purent en loger. Ni dans le polyptyque ni dans les documents de toute sorte qui nous ont été conservés, rien ne dit, voire même ne donne à penser qu'il y eût un pensionnat dans le couvent avant 1686. On ne comprend pas d'ailleurs en quoi consistait le double avantage procuré à la pauvre noblesse du pays.

En 1763, Elisabeth d'Aubusson fit rédiger et imprimer, avec l'autorisation de son évêque, *les statuts et constitutions sur la* règle de saint Benoît pour l'abbaye royale de Saint-Sauveur du Bugue, au diocèse de Périgueux ([1]), en usage, est-il dit, depuis plusieurs années. Ce petit livre, devenu fort rare, comprend : 1° Une liste des religieuses, qui diffère de la précédente, parce qu'elle est plus ancienne. Elles étaient alors au nombre de quinze, y compris l'abbesse. Voici les noms des autres quatorze :

Madeleine de Filhot, prieure; — Marianne de Laroque, — Marguerite de Chamisac, — Thérèse de Pressat, — Léonore de Milhat, — Toinette de Châtenet, — Françoise de Goursac, — Thérèse de la Vitrolle, — Marthe de Lanauve, — Catherine Siozard-Fontenille, — Jeanne Antignac, — Marie de Saint-Antoine, — Marguerite Lembertie, — Louise Geoffre.

Huit de ces religieuses avaient donc disparu de l'établissement dans moins de vingt ans. On peut se faire, par là, une idée de la mortalité dans les couvents.

2° Le mandement de l'évêque Chrétien de Macheco de Prémeaux autorisant l'impression;

3° Les constitutions comprenant 32 chapitres, dont voici les titres : 1er ch. *De la réception des filles au postulat, à la vêture et à la profession.* — 2e *De la stabilité et de la clôture.* — 3e *De la conversion des mœurs.* — 4e *De la pauvreté religieuse.* — 5e *De l'obéissance religieuse.* — 6e *De la confession, de la sainte communion et de la sainte messe.* — 7e *De l'oraison et de l'office divin.* — 8e *Du silence.* — 9e *De la récréation.* — 10e *Des jeûnes et abstinences.* — 11e *Des cellules.* — 12e *Des parloirs.* — 13e *De la façon de s'habiller.* — 14e *Du réfectoire.* — 15e *Du travail.* — 16e *De la distribution des heures.* — 17e *Des emplois extérieurs de l'abbesse.* — 18e *Du rang que chacune doit*

---

[1] A Périgueux, chez Arnaud Dalvi, imprimeur ordinaire du roi, petit in-douze de 70 pages. J'en dois la communication à M. Lapeyre, bibliothécaire de Périgueux.

tenir. — 19ᵉ *De la prieure.* — 20ᵉ *De la maîtresse des novices.* — 21ᵉ *Des sœurs converses.* — 22ᵉ *Des chantres et sous-chantres.* — 23ᵉ *De l'économe.* — 24ᵉ *De la cellèrerie.* — 25ᵉ *Des portières.* — 26ᵉ *Des infirmières.* — 27ᵉ *De la maîtresse des pensionnaires.* — 28ᵉ *Des sacristines.* — 29ᵉ *De la grenetière.* — 30ᵉ *Du chapitre et des coulpes.* — 31ᵉ *Des prières pour les morts.* — 32ᵉ *Des robières et lingères.*

Au moyen de ces constitutions, réglées comme un papier de musique, qu'on me passe l'expression, la vie s'écoulait sans éclat, sans effort et avec une rapidité souvent effrayante.

Elisabeth d'Aubusson fut la dernière des abbesses de Saint-Salvador. Comme je l'ai dit, elle vivait encore au moment de la révolution, et survécut quelque temps à sa sortie du couvent.

En 1771, Elisabeth d'Aubusson fit confectionner, sous la direction du juge Barry, les plans géométriques, l'arpentement général des domaines, un nouveau terrier et un livre des redevances de l'abbaye, sous le nom de *Liève des cens, rentes, droits et devoirs seigneuriaux.* Ce dernier travail, conservé aux archives de la préfecture, est fort curieux par les détails qu'il contient et par les renseignements qu'il fournit sur les familles du Bugue et des environs.

CHAPITRE SIXIÈME.

Le Bugue au xviiiᵉ siècle. — On y établit un entrepôt de tabac. — Ses foires et marchés. — Sa halle. — Il est repavé à neuf. — Ouverture du chemin du Cingle. — Industrie. — Commerce. — Inondations. — Légende. — Monument gaulois ; détails archéologiques, etc.

Au moment où apparaît le xviiiᵉ siècle, les agitations, les tumultes populaires ont cessé. Les questions qui surgissent ne se débattent plus les armes à la main ; mais parce qu'elles se traitent plus pacifiquement, elles n'en sont pas moins palpitantes d'intérêt. Seulement, le pouvoir monarchique ayant grandi, l'action qu'il exerce s'est généralisée, et, dans son extension, elle se montre partout assez forte pour contenir les passions violentes et faire respecter la volonté du trône. D'un autre côté, le caractère turbulent de la noblesse, cet esprit batailleur qui la distinguait et la rendait indomptable, se sont sensiblement modifiés au profit des habitudes paisibles, en se pliant à la subordination. Mais s'il n'est plus d'usage d'avoir recours à la force pour établir son droit, d'employer le fer et le feu pour prouver qu'on a raison, on sait en revanche se servir de l'intrigue, de la dissimulation, du mensonge même, avec plus ou moins d'adresse, avec plus ou moins d'audace, pour atteindre son but.

Grâce à la paix, à ses foires, à son marché, à son industrie, à l'établissement de la poste aux lettres et d'un bureau de contrôle, le Bugue se trouvait avoir acquis rapidement de l'importance, et l'affluence des étrangers lui ayant bientôt donné une activité toujours croissante, l'attention du fermier général des tabacs se fixa naturellement sur lui, à la suite de la déclaration du 1er août 1721 concernant cette denrée, et dont l'art. 1er est ainsi conçu : « L'arrêt de notre conseil du 29 juillet dernier,
» portant rétablissement du privilége de la vente exclusive du
» tabac, sera exécuté selon sa forme et teneur ; en conséquence,
» le fermier de la ferme générale dudit privilége fera seul, à
» l'exclusion de tous autres, entrer, fabriquer, vendre et débiter,
» en gros et en détail, dans notre royaume, à l'exception des pro-
» vinces de Franche-Comté, Artois, Hainault, Cambrais, Flan-
» dre et Alsace, toutes sortes de tabac en feuille, en corde et
» en poudre, et établir, à cet effet, des manufactures, magasins,
» bureaux et entrepôts ([1]). » C'est, en effet, à cette déclaration

---

([1]) Isambert, Ducrusi et Taillandier. *Rec. gén. des anciennes lois franç.*, t. xxv.

qu'il faut reporter l'établissement de l'entrepôt de tabac qui subsista au Bugue jusqu'à la révolution de 1789.

Tant d'éléments de prospérité devaient fournir et fournirent en effet à cette localité le moyen d'achever de sortir rapidement de la misère passée, et de faire enfin disparaître les longues et cruelles meurtrissures dont elle avait été si malheureusement atteinte, durant le moyen-âge et les guerres de religion. Cette tendance au bien-être, cette disposition à la prospérité lui suscita des envieux.

Antoine de Pardaillan de Goudrin, duc d'Antin, avait acheté depuis peu la seigneurie de Limeuil [1]. Au moment de cette acquisition, quoiqu'elle eût obtenu des concessions de foires à diverses époques, cette localité n'en avait plus, sans doute pour cause de désuétude. Au lieu de demander tout bonnement au nouveau seigneur, alors fort puissant à la cour, de faire revivre les anciennes ou d'en obtenir de nouvelles, on lui suggéra de réclamer le marché et les foires du Bugue comme étant la propriété du chef-lieu de son nouveau domaine. Cependant, comme le succès d'une pareille démarche paraissait plus que douteux, on trouva prudent de lui insinuer de solliciter subsidiairement la création d'un marché spécial et de quatre foires, dont la tenue aurait lieu à des époques telles qu'elles ne pourraient porter aucun préjudice à celles du Bugue. En conséquence, dans le cours de 1727, il présenta une requête au roi, en son conseil, dont voici le résumé :

« Par lettres patentes du mois de septembre 1570, le roi Charles

---

[1] Un fait assez curieux à signaler, c'est l'existence des armes des Pardaillans surmontées d'une crosse sur le mur du jardin du couvent, dans la rue du Pont, en face la rue Bastière. Il est évident que ces armes ne furent placées là que comme signe de la puissance seigneuriale du duc d'Antin, devenu seigneur du Bugue par l'acquisition de la terre de Limeuil; mais comment se fait-il qu'au lieu des armes écartelées du duc on n'ait reproduit que les armes primitives des Pardaillans? C'est ce que je laisse à d'autres le soin d'expliquer.

» IX accorda à Limeuil quatre foires par an et un marché tous les
» *mardis*. Le 4 mai 1578, Galiot de la Tour obligea les habi-
» tants de cette localité à consentir que ces marchés fussent
» transférés au Bugue, pour éviter que ses frères, avec qui il
» était alors en guerre, eussent occasion d'envahir sa terre, par
» surprise, durant leur tenue, se réservant qu'après la guerre
» ils leur seraient rendus. En 1671, à la suite de la confirma-
» tion des priviléges de Limeuil, Louis XIV accorda un autre
» marché tous les samedis. Une seconde confirmation de ces
» priviléges ayant eu lieu par le même roi, le 30 mars 1694,
» le parlement ordonna l'exécution de cette concession et dé-
» fendit de tenir des marchés au Bugue. De tous ces faits, il
» ressort que les marchés du Bugue appartiennent à Limeuil,
» etc. » La suite a pour but d'expliquer que, malgré tout, il y aurait plus d'inconvénient que d'avantage à déposséder le Bugue, et qu'en conséquence il vaut mieux créer un autre marché et d'autres foires à Limeuil ([1]).

Cette requête, l'œuvre sans doute d'un officieux ignorant, loin d'aller franchement au but, ne contenait que des faits controuvés, destinés à induire en erreur le roi et son conseil ([2]). Ne sait-on pas que le marché du Bugue, bien antérieur à 1319, fut définitivement réglé à cette époque et fixé au mardi, jour qui lui a toujours été consacré depuis ? Il était donc faux qu'il eût été porté de Limeuil au Bugue par Galiot de la Tour, en 1578.

Je voudrais bien ne pas mettre en doute les lettres de Char-

([1]) Arch. de l'empire, E 1016.
([2]) Cette requête fut faite avec une telle solennité et l'opinion publique fut tellement déroutée par l'assurance avec laquelle elle s'exprimait, que la tradition fléchit devant le mensonge, et qu'on a généralement cru, depuis lors jusqu'à ce jour, que les foires et marchés du Bugue y avaient été transférés par Galiot. Cette erreur se trouve même consignée dans le travail statistique officiel fourni par la mairie du Bugue en 1822, et déposé à la préfecture.

les IX du mois de septembre 1570 ; mais je n'en ai retrouvé aucune trace, et des lettres de François Ier de 1528, accordant trois foires à Limeuil, l'une le 1er lundi de carême, l'autre le 21 septembre, et la dernière le 9 décembre (^{1}), ne permettent guère de croire à la réalité de celles de son petit-fils, d'autant que ces lettres sont invoquées à l'occasion d'une assertion inexacte relative à Galiot et à ses frères, car, puisqu'il a été constaté que Charles de la Tour n'existait plus à la fin de 1572, il était de toute impossibilité qu'il fût en guerre avec Galiot en 1578.

Quant aux lettres de Louis XIV et à la décision du parlement, elles restèrent sans effet, en tant qu'il s'agissait des foires et du marché du Bugue, qui ne cessèrent jamais d'exister. Je dois faire remarquer d'ailleurs que la requête ne parle que de quatre foires, tandis que le Bugue en a toujours possédé cinq, appelées *foires royales* jusqu'en 1789, durant chacune plusieurs jours et se tenant à des époques différentes de celles dont a joui Limeuil et de celles dont il jouit encore.

Le 20 novembre 1731, Durand de Ramefort, archiprêtre du Bugue, fit planter des ormeaux sur la place, qui sans doute furent arrachés plus tard, pour construire la halle.

Il y eut une mission au Bugue en 1734, prêchée par les missionnaires de la congrégation de Saint-Lazare de Sarlat. Jean-Chrétien Macheco de Prémeaux, évêque de Périgueux, en fit la clôture après avoir donné la confirmation. Il séjourna trois jours ; dîna le premier au presbytère, le second au couvent et le troisième à la Barde. Les trois jours, il coucha au presbytère.

Dans le calendrier historique de la province du Périgord pour l'année 1788, on lit (^{2}) : *La halle du Bugue est curieuse et la*

(^{1}) Arch. de l'empire, Reg. du tr. des ch., coté 244, pièce 41.
(^{2}) P. 183.

plus belle de la province. Cette même assertion a été reproduite dans le calendrier de 1789 (¹). Cette halle, que nous avons vue affliger les yeux par son manque d'élégance et son peu d'étendue, avait donc produit l'impression contraire dès son origine et conserva une grande réputation jusqu'en 1789. Érigée sur une partie du cimetière de l'église de St-Sulpice, lors du démembrement de la seigneurie du Bugue de la juridiction de Limeuil, en faveur de Marie-Anne de Lostanges, mariée à Daniel Joseph, marquis de Cosnac, dès 1751, démembrement qui n'eut lieu qu'en 1778, époque de la mort d'Arnaud-Louis-Claude-Simon de Lostanges, père de Marie-Anne, cette halle fut construite par les soins et sous la direction du juge Barry. Elle n'était donc pas ancienne; mais il est très probable qu'une autre halle avait précédé celle-ci, dès le temps où le commerce prit de l'extension dans la localité. Je serais même tenté de croire que c'était celle qui subsistait encore auprès des fours, dans ma jeunesse, et que beaucoup d'autres ont pu voir comme moi.

Le 24 avril 1768, les notables et principaux habitants de la *ville* ou *bourg* du Bugue ayant été convoqués, selon les formes ordinaires, constatèrent la nécessité indispensable de réparer toutes les rues, ruettes, carrefours, places et autres lieux publics de ladite ville ou bourg, reconnaissant d'ailleurs que cette réparation ne pouvait être faite valablement qu'avec l'autorisation du bureau des finances de Guienne, à Bordeaux, chargé spécialement de tout de ce qui avait trait à la voirie, dans la province (²). Une demande fut donc adressée à ce bureau, qui

---

(¹) P. 148.

(²) **Les placards affichés au Bugue, à cette occasion, portaient :** *Jugement rendu par nos seigneurs les présidents-trésoriers de France, généraux des finances, juges du domaine du roi et grands voyers en la généralité de Guienne.*

rendit une ordonnance le 8 juin suivant, portant que, par le plus prochain juge royal, il serait fait procès-verbal de l'état des pavés, des nivellements et autres changements qui pourraient être nécessaires. En exécution de cette ordonnance, Jean-Baptiste-Louis Pellissier de Barry, juge royal de Lalinde, le 17 juillet 1769, se rendit sur les lieux et s'assura de l'exactitude des faits allégués. Il reconnut que la Grande Rue, ayant 400 toises (800 mètres), depuis la maison d'Escorne, sur le foirail aux bœufs, jusqu'à celle de Lafon du port, ainsi que les rues du *Pont*, de l'*Abreuvoir*, de la *Vézère*, du *Petit-Port*, avaient besoin d'être repavées à neuf ; qu'il devait en être de même du contour des places et carrefours, à huit pieds en avant des maisons faisant bordure ; que le surplus de ces places et carrefours devait être uni et mis en pente convenable pour l'écoulement des eaux ; qu'il était urgent de construire deux aqueducs, l'un dans la rue des *Prisons*, destiné aux eaux qu'une rigole conduisait dans le jardin de la veuve Rey ; l'autre, dans une ruette séparant la maison du sieur Pagès-Lagrèze, marchand, de celle du sieur Roussel, directeur des postes, pour recevoir les immondices des latrines existant dans ladite ruette, qui, lors des pluies, se répandaient dans la Grande Rue, y causaient une infection continuelle et nuisaient à la santé des habitants ; que, pour le bon ordre et la pureté de l'air, il fallait détruire diverses autres latrines dans la rue de l'Abreuvoir et les placer du côté de la rivière, où elles ne seraient d'aucune incommodité ; qu'il était aussi nécessaire de réduire à deux pieds et demi dans œuvre des excavations considérables pratiquées dans la Grande Rue, depuis la rue du Pont jusqu'à la maison Lafon, pour descendre dans les caves, et en même temps d'obliger les propriétaires à établir des parapets de trois à quatre pieds, afin de prévenir les accidents ; qu'il était pareillement indispensable de contraindre les sieurs Antignac Freitet, Antignac et Lafon à en construire le long de leurs jardins, avec condition pour Antignac Freitet de détruire un escalier empiétant sur la Grande Rue. Le procès-verbal de Barry, porté au bureau des finances, fut rendu exécutoire en tout point par jugement du 15 mai 1771, sauf qu'au lieu de réduire les excavations de la Grande Rue à deux pieds et demi dans œuvre, on les supprima en entier; comme aussi au lieu de se borner à ordonner la démolition de l'escalier d'Antignac Freitet, il fut décidé que tous ceux qui faisaient saillie seraient démolis; de plus, Barry fut nommé commissaire pour tenir la main à l'exécution de l'ordonnance. Cependant les travaux ne commencèrent que l'année suivante, en vertu d'une décision du même tribunal portant la date du 8 mai, et imprimée au bas du placard.

A partir de ce moment, Barry s'identifia pour ainsi dire avec le Bugue et lui voua toute son existence ; tel fut même le zèle qu'il mit à remplir la mission à lui confiée, que l'opinion publique, dans la localité, regarde le repavage du Bugue comme son œuvre propre.

Quoique ce repavage du Bugue ne soit pas bien ancien, les détails qui s'y rattachent n'en présentent pas moins une confusion que la tradition n'éclaire d'aucun souvenir et qui, faute de documents précis, ne peut plus être complètement débrouillée. On connaît toujours la Grande Rue ; on connaît aussi la rue du Pont et la rue de la Vézère ; mais où étaient la rue de l'*Abreuvoir*, la rue du *Petit-Port*, la rue des *Prisons*? C'est ce qu'il n'est pas facile d'établir. Aurait-on donné primitivement ces noms à la rue *Bastière*, *à la rue descendant à la Vézère en passant sous le dôme du couvent et à la ruette qui sépare la prison de l'ancien atelier de Demarteau?* Cela se pourrait; mais je n'oserais l'affirmer.

Le travail de repavage terminé, Barry ne perdit pas de temps, et en fit exécuter un autre non moins important et non moins utile.

Le Cingle (¹), par où l'on passe pour se rendre du Bugue à Limeuil, et réciproquement, n'était guère qu'un sentier étroit et dangereux, où deux hommes avaient bien de la peine à se tenir de front, si même ils le pouvaient d'un bout à l'autre. Barry y mit les ouvriers et, la mine aidant, il le fit si bien élargir, dans toute son étendue, que les charrettes purent y circuler sans danger. Aujourd'hui, la route n° 4 en a fait une voie des plus commodes.

Les foires du Bugue furent toujours au nombre de dix-sept, douze foires mensuelles (le 3ᵉ mardi de chaque mois) et cinq grandes foires appelées, comme je l'ai dit, *foires royales*. Ces foires royales, avec le temps, avaient été la source de plus d'un désordre. Il corrigea ces désordres avec soin. Celle des Rois (le 7 janvier), celle de saint Mathias (le 25 février), celle de saint Marc (le 25 avril), durent se borner à trois jours de durée. Celle de saint Barthélemy, aujourd'hui saint Louis (24-25 août), et celle de saint Michel (29 septembre), avaient plus particulièrement attiré son attention, parce qu'elles étaient celles qui se tenaient avec le plus de confusion. Il les régla à huit jours (²).

J'avais cru jusqu'à ce jour qu'il n'existait de cimetière des pauvres que dans les grandes villes. Je lis dans les registres de Saint-Sulpice, conservés à la mairie, qu'en 1710 un nommé Antoine Ghoudal, âgé de 60 à 70 ans, trouvé mort sur le chemin du Bugue à Manaurie, fut enterré dans le cimetière des pauvres. L'esprit d'aristocratie s'était donc glissé jusque dans les plus petites localités et se perpétuait après la mort. Je ne saurais dire du reste où était situé ce cimetière.

Il n'est pas douteux qu'antérieurement au xviiiᵉ siècle, la ri-

---

(¹) Du latin *Cingulum*, signifiant ceinture, parce que ces sortes de chemins sont pratiqués dans les flancs des coteaux.

(²) Ce n'est qu'en 1818 ou 1819 qu'elles furent réduites à quatre jours.

vière de Vézère ne fût sujette à se déborder, comme elle le fait depuis. Mais jusqu'alors, on n'avait point pris note des inondations. La première fois qu'il en est parlé, c'est en 1728. Enflée par de longues et fortes pluies, cette rivière s'éleva à un pied au-dessus du parapet de la terrasse du presbytère de l'archiprêtré, et pénétra par conséquent dans l'église et dans le couvent. En 1783, un nouveau débordement vint encore effrayer et affliger la population. Sans avoir atteint cependant les proportions de celui de 1728, ce débordement présenta quelques particularités qu'il est bon de noter.

Effrayées par la rapidité avec laquelle l'eau gagnait dans les cloîtres, les religieuses quittèrent toutes le couvent, à l'entrée de la nuit, moins une seule, qui, malgré les plus vives instances, ne voulut pas s'éloigner. D'un autre côté, les meuniers du Moulin-Bas, encore plus exposés que les religieuses, n'avaient pas cru devoir affronter un péril que rien ne peut combattre, et s'étaient retirés devant le torrent en courroux, sans pouvoir toutefois décider leur vieille mère à les suivre. Cependant la nuit était venue, et la rivière allait toujours croissant, ce qui n'empêchait pas la religieuse de voir, sans trop de préoccupation, les progrès de l'eau, qu'elle s'était résolue à braver d'étage en étage. Il n'en était pas de même de la pauvre vieille meunière; chassée du rez-de-chaussée par l'élément terrible, elle était montée à son grenier, où il avait bientôt pénétré, la forçant à se réfugier sur les soliveaux de la charpente. Là, pour se tenir debout et respirer à l'aise, elle avait dû retirer quelques tuiles du toit, ce qui l'avait mise à même d'apercevoir la lumière du couvent.

Dans sa cruelle position, cette circonstance ranima son courage près de s'abattre, et, malgré de mortelles angoisses, les pieds presque dans l'eau, au milieu de cette mer tumultueuse dont les flots venaient sans cesse se heurter au moulin avec fracas, en menaçant de l'entraîner, elle appela la religieuse, lui demanda l'heure, en obtint une réponse qui, dominant le bruit, parvint jusqu'à elle, lui fit de nouvelles questions toutes suivies de réponses distinctes, et entretint ainsi une conversation soutenue dont l'heureuse diversion lui aida à traverser cette longue nuit de terreur, sans s'abandonner au désespoir.

Le jour arrivé, on put apprécier toute l'étendue du danger, et il fallut sérieusement s'occuper de sauver la meunière. La première chose à faire, c'était de trouver un homme de bonne volonté qui ne craignît pas de s'exposer. Cet homme résolu se présenta. Il était perruquier de son état, et connu par sa rare intrépidité. Il se jeta dans un batelet, se confiant à une corde fixée à une des fenêtres du couvent. De la sorte, il se laissa aller au courant, et parvint au moulin, d'où il regagna le couvent avec la femme qu'il venait de sauver au grand contentement de la population haletante d'émotion et d'inquiétude, et pleine d'admiration pour son adresse, sa présence d'esprit et l'énergie avec laquelle il avait affronté le mous et remous des vagues.

Au bout du Cingle, on voit deux énormes blocs de rocher inhérents à la montagne, s'avancer majestueusement sur la rivière. On appelle ce point pittoresque le *Roc-de-l'Agranel*. Ce nom lui vient du ruisseau qui coule dans le vallon et sur lequel nous avons vu qu'il existait un moulin au XIIe siècle.

L'un de ces blocs, le plus étroit et le plus rapproché du Bugue, est célèbre par une légende que le peuple raconte comme il suit :

Il existait autrefois dans les environs un grand seigneur, dont la fille unique, pendant qu'il était allé combattre les infidèles, s'amouracha d'un beau jeune homme de basse condition, mais de noble cœur, intrépide, très familier avec tous les exercices du corps et montant admirablement à cheval. Au retour de la croisade, le père, instruit de ce qui se passait, crut pouvoir rompre cette liaison, et enjoignit au jeune homme de ne plus chercher à voir sa fille; mais la fille elle-même prit le parti de son amant, et déclara qu'elle mourrait plutôt que d'en épouser un autre. Le père, dans une grande perplexité, finit par prendre une terrible détermination. Il décida que le jeune homme, monté sur un cheval fougueux, ayant en croupe sa bien-aimée, s'élancerait à fond de train sur la crête de ce rocher, et que, s'il revenait, sa fille serait à lui. L'amour fait des miracles, comme on sait. Le succès couronna l'épreuve. Le jeune homme, avec une adresse merveilleuse et un bonheur sans égal, après avoir atteint le bout du rocher, fit pirouetter son cheval et ramena triomphant son précieux fardeau. L'effort que fit le cheval, en tournant sur lui-même, fut tel que ses deux fers de derrière laissèrent leur empreinte sur le roc. Depuis ce temps, poussé par une juste curiosité, chacun veut contempler cette empreinte, qu'on ne peut voir qu'avec les yeux de la foi.

Fort dramatique et toute palpitante d'un héroïsme surhumain, cette légende ne repose sur aucune donnée historique, sur aucune tradition, sur aucune probabilité. Aussi ne l'ai-je jamais considérée que comme une sorte de symbolisme résumant la barbarie des mœurs des premiers temps de la féodalité. L'homme du peuple n'y est point encore foulé aux pieds comme il le sera plus tard; mais on le dédaigne tant qu'il n'a pas montré qu'il vaut au moins le grand seigneur. Une fois qu'il s'est élevé jusqu'à lui, on l'accepte. C'est bien là ce qui se passait aux xe, xie et xiie siècles.

Au-dessus du village de la Dotz, sur un petit plateau, on voit des blocs de grès disposés symétriquement comme il suit :

Les trois plus gros se touchent presque, et c'est à peine si un homme peut se glisser entre eux. A dix ou quinze pas de ce groupe, un certain nombre d'autres de moindre dimension a été disposé en rond.

A une distance à peu près égale de ce rond, un second cercle a été formé au moyen de blocs encore plus petits. Je n'hésite pas à penser que l'ensemble de ces masses de grès constitue un monument gaulois appelé *chromleck* ou *mallus*. C'était là, à ce qu'on croit, que les magistrats gaulois se réunissaient pour rendre la justice. Ce qu'il y a de remarquable, c'est que le grès abonde sur le plateau de Masréal, attenant à celui de la Dotz, essentiellement calcaire, comme presque tous les coteaux de la commune.

Il existe encore dans la commune du Bugue quelques vieilles maisons, plus ou moins curieuses par les détails de construction qu'elles nous ont conservés. Je citerai celle qu'on voit dans la rue du Pont, dont la façade est ornée d'une sorte de gargouille terminée par une tête humaine ; une autre située à Malmussou-Bas, appartenant à M. Mianne, et sur la cheminée de laquelle se trouvent les ornements dont voici le détail :

Un écusson, entouré d'une sorte de torsade, dans le champ duquel sont gravées les lettres L I H S D, sur la même ligne et sans séparation, au-dessous M, G, avec un intervalle, et plus bas, entre le M et le G, et à égale distance de l'un et de l'autre, un R. Autour de la torsade cette inscription : *Timentibus Deum omnia tuta*. A droite et à gauche de l'écusson se voient deux cercles. Le monogramme des jésuites est inscrit dans celui de gauche ; dans celui de droite, un M et un A, sans séparation, avec un trait en forme de point d'exclamation. Au-dessous de ces deux lettres, on voit un signe assez peu distinct que j'ai cru être un cœur renversé, et au-dessous une espèce de *d*.

Au-dessus de la porte d'entrée de la cour est un autre écusson sans ornements, dans lequel on a gravé un H, une croix et un R sur la même ligne, et au-dessous 1622. Cette date est sans doute celle de la construction de la maison.

On a vu que la nomination du curé de St-Marcel appartenait

à l'abbesse du couvent. Je ne dois pas omettre de dire que celle de l'archiprêtre, curé de Saint-Sulpice, appartint toujours à l'évêque de Périgueux.

CONCLUSION.

Au Bugue, comme par toute la France, la révolution de 1789 fut la bienvenue, et causa une joie unanime, qui ne fut troublée qu'en 1791. A cette époque, le vicaire et l'aumônier du couvent furent accusés de fomenter le désordre, et, soit en haine d'eux, soit pour tout autre motif, la population, un jour de Fête-Dieu, ayant envahi le couvent, sous le prétexte qu'on ne voulait pas y recevoir la procession avec certaines cérémonies, y répandit l'alarme et la confusion; cependant tout rentra bientôt dans l'ordre.

De 1792 à 1794, les habitants du Bugue furent rudement travaillés par la disette, et le marché, dès long-temps fréquenté par les populations circonvoisines, se trouva désert, au grand désespoir de tous ceux qui manquaient de pain. Dans cet état des choses, la municipalité dressa une liste de toutes les communes reconnues être dans l'usage d'alimenter ce marché et l'adressa aux districts de Périgueux, de Montignac, de Sarlat et de Belvès, réclamant qu'en vertu de la loi du 18 vendémiaire an II (11 octobre 1793) chacun de ces districts enjoignît aux communes de sa circonscription respective, désignées dans cette liste, de pourvoir à l'approvisionnement du marché. La division du territoire avait été faite d'une façon si bizarre, que toutes les communes formant aujourd'hui le canton de Sainte-Alvère dépendaient du district de Belvès. Sur la liste figuraient toutes ces communes, plus celles du Coux, de Cabans et de Calès.

L'administration du district de Belvès, après avoir laissé traîner l'affaire pendant vingt jours, finit par rejeter la réclamation, sous le prétexte que la liste de la municipalité du Bugue était inexacte et que ni les communes qui constituent aujourd'hui le canton de Ste-Alvère, ni celles du Coux, de Cabans et de Calès, ne devaient contribuer à garnir le marché du Bugue. L'affaire fut portée devant l'administration centrale du département par Dubreuil, nommé commissaire à cet effet, et cette administration donna raison au Bugue, blâmant fortement la conduite du district de Belvès (1).

L'établissement d'une brigade de gendarmerie au Bugue date du mois d'avril 1792. Cette brigade fut créée par ordre du roi.

A part l'arrestation de Dubreuil, faite en dehors du vœu de la population, qui réclama et obtint son relâchement, comme on le verra plus bas, le Bugue traversa la révolution sans violence; les habitants y vécurent unis, et c'est à peine si une fois ou deux on y montra quelque velléité d'insubordination.

Durant la république, les époques des grandes foires, toujours fort fréquentées, furent réglées comme il suit : 18 nivose (8 janvier) ; 8 ventose (27 février) ; 6 floréal (26 avril) ; 9 fructidor (27 août) ; 9 vendémiaire (1er octobre). Les époques des petites foires, le 1er quartidi de chaque mois ; les marchés, tous les quartidi de chaque décade (2).

Jusqu'à la révolution, le cimetière qui régnait primitivement autour de l'église de St-Sulpice s'était maintenu dans la partie

---

(1) Ce qui prouve que, dès-lors, on avait reconnu l'importance des marchés du Bugue.

(2) Les mois étaient tous de 30 jours et avaient été divisés en trois décades, c'est-à-dire en trois périodes de dix jours chacune. Le quartidi était le quatrième jour de chacune de ces périodes. Ainsi, les petites foires et le premier marché avaient lieu le 4 de chaque mois, et les autres marchés le 14 et le 24. Après la république, on reprit l'ancien usage, qui s'est toujours maintenu depuis.

sud, le long de la Vézère. A cette époque, il fut transporté où il est aujourd'hui. Depuis lors, une portion du vieux cimetière a été employée à l'agrandissement du jardin du presbytère et l'autre portion, restée publique, forme une petite place qui a conservé le nom de *Cimetière*.

L'empire succéda à la république sans que les habitants du Bugue se préoccupassent beaucoup de cet événement, et la restauration prit la place de l'empire sans qu'ils en fussent plus émus. Ils suivirent le torrent, comme ils ont continué de le suivre à chaque nouveau changement.

Sous la restauration, l'émigration avait un moment espéré de rentrer dans tous ses priviléges. Se voyant déçue, elle chercha à faire valoir les droits dont elle pouvait encore user. On a vu que la halle avait été construite pour Mme de Cosnac. La famille de Cosnac réclama le prix de cette halle. Un procès s'engagea, et un jugement du 14 mai 1828 régla les prétentions de cette famille, tout en reconnaissant que le terrain sur lequel avait été bâtie la halle appartenait à la commune.

Voici l'état des sommes payées à la famille Cosnac :

Prix de l'indemnité..................................	4,300 fr.	» c.
Arrérage de revenu ou fermage...............	1,848	33
Frais de procédure................................	323	»
Frais d'expertise....................................	85	13
Intérêts jusqu'à l'entière libération...........	443	54
EN TOUT....................	7,000 fr.	» c.

que le conseil municipal alloua définitivement, dans sa séance du 14 juillet 1833 (¹).

Postérieurement, cette halle a été démolie (1852) pour agran-

---

(¹) Pour être juste, il faut dire que long-temps avant la restauration la commune avait reconnu à la famille Cosnac son droit de propriété et même lui avait payé quelque temps un prix de ferme convenu pour la halle.

dir la place, et une autre halle a été construite sur l'emplacement de l'ancienne maison Talange (1849), mais beaucoup trop petite, quoique un peu plus grande que celle qui a été démolie. Le fait de cette exiguité résulte de ce que depuis 1830 quatre grandes routes sont venues changer l'aspect du Bugue, et donner une animation toute nouvelle à ses marchés, dont l'importance va toujours croissant. Aussi n'est-ce pas la halle seule qui n'est plus assez vaste. Désormais, les places et champs de foires sont comme la halle, et il est nécessaire, il est même urgent que les habitants de la localité se pénètrent bien de l'idée que, s'ils veulent entretenir le mouvement ascensionnel des affaires au milieu d'eux et voir continuer de grandir leur activité industrielle et commerciale, ils doivent sérieusement s'occuper de donner à leurs places et à leurs marchés le plus grand développement possible, en ayant soin d'en rendre les abords commodes et agréables. Les sacrifices, tout lourds qu'ils peuvent être pour atteindre le but, seront largement compensés par les avantages qui en résulteront.

Une inondation presqu'aussi considérable que celle de 1783 a eu lieu en 1843.

L'industrie du Bugue consiste actuellement en une minoterie des plus considérables, en une fabrique de chapeaux gris occupant plus de trente ouvriers, en une scie mécanique, en tanneries, en tuileries et fours à chaux, en moulins, en teinturerie, en taillanderie et tous autres états qui s'exercent dans les centres de populations, y compris la navigation, dont l'activité s'accroît tous les jours.

Le commerce a pour objet le feuillard, la carassonne, les noix, les châtaignes, les bois de construction, la volaille, la cire, le miel, la laine, les truffes, les comestibles en général, les bestiaux, les produits des usines et surtout le blé. Le minage est un des plus fréquentés du département. Il s'y vend en moyenne 150 hectolitres de froment chaque mardi et environ 300 hectolitres de tous grains, légumes, etc. Quelque considérable que soit ce mouvement de céréales, il n'est cependant pas douteux qu'il s'accroîtra encore, et qu'à mesure que les moyens de communication s'amélioreront, les marchés gagneront en importance.

On va construire un quai, depuis le Moulin-Bas jusqu'au presbytère, qui fera disparaître la vieille prison et les restes du vieux pont.

Le mouvement des voitures publiques est de huit arrivées et de huit départs chaque jour.

BIOGRAPHIE.

REY.

Le Bugue a vu naître quatre hommes recommandables sous des rapports différents, parmi lesquels le premier en date, le plus célèbre et le plus digne de l'être, est Jean Rey, docteur en médecine de la faculté de Montpellier, auteur d'un ouvrage ayant pour titre : *Essais sur la recherche de la cause pour laquelle l'estain et le plomb augmentent de poids quand on les calcine.*

Rey, l'un des précurseurs de la théorie de la chimie pneumatique, naquit dans le dernier quart du xvie siècle, et, comme il fut reçu médecin en 1608, en admettant qu'il avait, à sa réception, de 25 à 26 ans, il n'y a rien d'improbable à supposer qu'il vint au monde vers 1582 ou 1583. Les profondes connaissances qu'il acquit en chimie et en physique autorisent à penser qu'il ne quitta pas Montpellier immédiatement après avoir soutenu sa thèse; mais tout porte à croire qu'en s'éloignant de cette ville, il se retira au Bugue, auprès de son frère, appelé Jean Rey comme lui, sieur de la Perroutasse, et maître de forges (¹), qu'il le seconda dans son industrie, tout en expérimentant les connaissances acquises, et exerçant sa profession de médecin (²).

Il habitait donc le Bugue depuis plusieurs années, et avait formé des liaisons avec les meilleurs esprits du pays (³), lorsque Brun, pharmacien de Bergerac, ayant calciné de l'étain dans un vase en fer, en l'agitant, s'aperçut qu'au lieu d'un déchet, la calcination avait produit un surcroît de poids de plusieurs onces.

Étonné de ce résultat, phénomène incompréhensible pour lui, Brun, après s'être vainement adressé à divers savants pour en avoir l'explication, finit par recourir à Rey, qui lui fut désigné comme le seul homme capable de résoudre le problème. Telle fut l'origine de l'ouvrage qui, sous le modeste titre d'*Essais*, nous fait voir dans Jean Rey, l'homme supérieur planant au-dessus de son époque, et se trouvant encore à la hauteur de la science, après plus de deux cents ans de progrès incessants.

Ces *Esssais*, au nombre de vingt-huit, suivis d'une conclusion, en tout vingt-neuf chapitres, parurent en 1630. Ils étaient précédés d'une dédicace au duc de Bouillon, seigneur de Limeuil.

(¹) On fait Jean Rey, sieur de la Perroutasse, propriétaire d'une forge du nom de Larochebeaucourt ou Larocheborant ; mais il n'y avait point de forge de ce nom aux environs du Bugue ni dans le Périgord. Il est d'ailleurs plus que probable que le sieur de la Perroutasse n'avait pas de forge à lui appartenant. Je suis donc porté à croire qu'il exploitait tout simplement les deux forges existant alors au Bugue, l'une sous le nom de la *Forge-de-la-Farge*, l'autre sous celui de la *Forge-Neuve*, et appartenant toutes deux au seigneur de Limeuil, et que l'expression : *L'espreuve que j'ai faite aux forges de Jean Rey, sieur de Perrotasse, mon aysné*, qu'on lit dans le vingt-deuxième *Essai*, signifie : *L'épreuve que j'ai faite aux forges* EXPLOITÉES *par Jean Rey*, etc.

(²) Le quatorzième *Essai* ne permet guère de douter de cette assertion, quoiqu'on semble avoir cru qu'il ne professait pas la médecine, et sa première lettre au père Marin Mersenne est positive.

(³) Parmi lesquels je dois signaler Deschamps de Bergerac, docteur en médecine comme lui et savant mathématicien, ayant étudié cette science à Leyde, sous le célèbre Rodolphe Snellus.

Les quinze premiers ont pour but de préparer la réponse de l'auteur à Brun; le seizième contient cette réponse formelle comme il suit :

« A cette demande doncques, appuyé sur les fondements jà
» posez, je répons et soutiens glorieusement que ce surcroît de
» poids vient de l'air, qui dans le vase a esté espessi, appesanti
» et rendu aucunement adhesif, par la vehemente et longue-
» ment continuée chaleur du fourneau ; lequel air se mesle
» avecques la chaux, à ce aydant l'agitation fréquente, et s'at-
» tache à ses plus menues parties; non autrement que l'eau
» appesantit le sable que vous jettez et agitez dans icelle, par
» l'amoitir et adherer au moindre de ses grains. »

Les douze autres servent à réfuter tous les systèmes inventés avant lui pour expliquer l'augmentation du poids des chaux métalliques.

La conclusion, fort courte, mérite d'être connue par la manière à la fois simple et hardie dont s'y énonce l'auteur, dans sa conviction profonde. Je transcris :

« Voyla maintenant cette vérité, dont l'esclat frappe vos
» yeux, que je viens de tirer des plus profonds cachots de l'obs-
» curité. C'est celle-là de qui l'abord a esté jusqu'à présent
» inaccessible. C'est elle qui a fait suer d'ahan tout autant de
» doctes hommes qui, la voulant accointer, se sont efforcez de
» franchir les difficultés qui la tenaient enceinte. Cardan, Scali-
» ger, Fachsius, Cœsalpin, Libavius l'ont curieusement recher-
» chée, non jamais apperceue. D'autres en peuvent estre en
» queste; mais envain, s'ils ne suivent le chemin que je leur ai
» tout premier desfriché et rendu royal, tous les autres n'es-
» tans que sentiers espineux et destours inextricables qui ne
» mènent jamais à bout. Le travail a esté mien, le profit en soit
» au lecteur, et à Dieu seul la gloire. »

La découverte de la pesanteur de l'air appartient donc à

Jean Rey, et lui assure à jamais un rang honorable parmi les grandes célébrités.

Rey était un de ces esprits sérieux et profondément savants, comme en fournit tout le XVIe siècle. Il avait surtout cette rectitude d'observation, cette lucidité d'aperçus, cette clarté d'idées, cette logique de faits qui constituent le génie. Dans ses *Essais,* on se trouve incessamment en face de l'homme positif qui raisonne et veut voir clair dans tout ce qui attire son attention, ne s'en rapportant jamais aux autres pour asseoir son jugement. Il dit à propos d'opinions erronées qu'on opposait à son onzième *Essai* ([1]) :

« Je recognoy cette doctrine qu'on oppose à ma créance,
» puisée de l'escole des philosophes, lesquels j'honore comme
» grands voyeurs (observateurs) de la nature ; mais j'advoue
» franchement n'avoir juré aux paroles d'aucun d'eux. Si la vé-
» rité est chez eux, je l'y reçois ; sinon, je la cherche ail-
» leurs. » Plus loin (p. 117), il ajoute : « Je fléchis volontiers
» soubs le poids de la raison, sans laquelle les authorités ne
» m'esmeuvent point. »

Comme toutes les grandes découvertes, celle de Rey trouva des incrédules, eut des contradicteurs et souleva des controverses. Voici comment il parle lui-même de cette opposition dans sa dédicace au duc de Bouillon :

« D'un effet si manifeste, la cause estoit occulte tant et plus.
» Chacun en disait sa pensée, et je fus semons d'en dire la
» mienne, qui ne fut pas sitôt esclose qu'on la vint harceler de
» divers lieux ; de sorte qu'il me fallut entrer en lice pour
» joindre les contretenants. Mais d'occuper ores vos oreilles,
» en racontant le succès de ces joustes, la modestie ne me le

---

([1]) Ce qui prouve, en passant, qu'il composa ses *Essais* à de longs intervalles.

» permet pas. Vrai est que comme cet ancien conquéreur des
» Gaules, j'ay escript mes propres exploits. Ce livret n'en est
» que l'histoire. »

Un des plus intrépides adversaires de Rey fut le père Marin Mersenne, religieux minime de Paris, homme fort savant pour son temps, qui lui écrivit plusieurs lettres et en reçut également plusieurs [1].

Ce qui fait des *Essais* de Rey un livre à part et hors ligne, c'est que le langage en est tellement net, tellement précis, tellement vigoureux, que la démonstration des faits semble s'y produire sans efforts, et que la conviction de l'auteur passe dans l'esprit du lecteur sans qu'il s'en aperçoive. Aussi, je n'hésite pas à dire que Rey fut à la science ce que Montaigne fut à la philosophie, autant du moins que la différence des connaissances de ces deux illustres Périgourdins permet de comparer leur mérite respectif.

Dans son dixième *Essai*, Rey nous apprend qu'il avait inventé le fusil à vent, plusieurs années avant qu'il fût question, dans le monde savant, de cette découverte, attribuée à un bourgeois de Lisieux, du nom de Marin. Cette circonstance contribue encore à faire vivement regretter que cet homme de génie ne se soit pas livré à des études plus suivies qu'il ne l'a fait. Quelle puissante impulsion il eût donnée à la science!

Si Jean Rey eut ses contradicteurs, s'il souleva des controverses qui firent du bruit et grandirent sa réputation, il eut aussi ses admirateurs, ses apologistes. Pierre Peyrarède, élu en l'élection du Périgord, lui adressa des vers latins; Bereau lui consacra une ode, et Deschamps fit en son honneur quelques couplets remplis d'une juste admiration. Ajoutez que, durant toute sa vie, il eut des rapports suivis avec de nombreux sa-

---

[1] Ces lettres se sont retrouvées plus tard dans la bibliothèque des Minimes de la Place-Royale, à Paris.

vants. Comment expliquer, après cela, l'oubli rapide et presque complet dans lequel sa mémoire et son livre se trouvèrent ensevelis peu de temps après sa mort, car ce fut à peine, pendant long-temps, si les *Essais* et le nom de leur auteur restèrent connus de quelques bibliophiles et de quelques érudits! S'il faut en croire M. Gobet, à qui nous devons la deuxième édition du travail de Rey, cela tiendrait à ce que ce travail, *imprimé dans une petite ville de province* (à Bazas), *n'eut point de ces prôneurs célèbres qui, dans la société, assignent les rangs dans les sciences, car on sait que c'est à ces grands partis, qui s'érigent des trônes dans le monde savant, qu'il faut s'adresser pour recevoir les couronnes de l'immortalité* ([1]). *Selon le* Journal des Savants ([2]), *c'est que l'explication qu'a donnée Jean Rey de l'augmentation du poids des chaux métalliques n'était appuyée sur aucune expérience nouvelle et qui fût propre à l'auteur.*

Il y a sans doute du vrai dans ces deux remarques; toutefois, ce qui me paraît avoir le plus contribué à faire oublier Jean Rey, c'est qu'il devança son siècle, en démontrant, par la force seule du raisonnement, appuyé sur l'exacte observation des faits, une vérité évidemment comprise par les savants de son temps, mais bien au-dessus de la portée du public, non encore familiarisé avec ces sortes de connaissances.

De nos jours, la science, devenue plus populaire, a dignement réhabilité le savant Périgourdin. Il manque cependant à sa gloire une nouvelle édition de ses *Essais*. La première, de 142 pages in-8°, imprimée à Bazas, en 1630, par Guillaume Millanges, imprimeur ordinaire du roi, ne se trouve guère que dans quelques grandes bibliothèques. La seconde, revue sur l'exemplaire original, augmentée sur les manuscrits de la bibliothèque du roi et des Minimes de Paris, de plusieurs lettres de Mersenne,

([1]) Préface, p. 8.
([2]) Février 1778.

Rey et Brun, annotée par M. Gobet ([1]), imprimée à Paris, chez Ruault, libraire, rue de la Harpe, en 1777, et formant, avec deux ou trois autres petits ouvrages de différents auteurs, un in-8° de 216 pages, n'est pas beaucoup plus commune. Cette troisième édition serait d'ailleurs d'autant plus facile à faire, que les manuscrits consultés par M. Gobet se trouvent tous réunis aujourd'hui à la bibliothèque impériale de la rue Richelieu.

Jean Rey, engagé dans un procès criminel, on ne sait de quelle nature, passa plusieurs années à poursuivre ce procès, n'ayant même plus le temps d'entretenir sa correspondance, comme il le dit lui-même dans une lettre au père Marin Mersenne, portant la date de 1643 (p. 166), dans laquelle il s'exprime ainsi :

« Si j'ai laissé passer des années entières sans vous avoir vi-
» sité par mes lettres, il en faut accuser mes affaires domesti-
» ques, qui ont tellement traversé mon esprit qu'elles l'ont rendu
» presque incapable de toutes belles conceptions. »

On a prétendu, je ne sais trop sur quel fondement, que Rey mourut à la suite de ce procès, vers 1645. Il serait mort, en ce cas, environ dans sa 62e année. Il ne serait pourtant pas impossible qu'il eût vécu plus long-temps ; mais comme il est certain qu'il ne s'occupa plus de science postérieurement à cette époque, on a pu très naturellement croire et dire qu'il cessa de vivre vers ce temps-là.

BARRY.

Jean-Baptiste-Louis Pellissier de Barry, plus généralement connu sous le nom de *Barry*, ne naquit pas au Bugue (il était

---

([1]) C'est dans cette édition que se trouve la lettre de Bayen, apothicaire, major des camps et armées du roi, à l'abbé Rozier, dans laquelle il fait un grand éloge de Rey.

originaire des environs de Béziers, Languedoc) ; mais il s'identifia tellement avec cette petite ville, qu'il lui appartient par adoption. Il était feudiste, ingénieur géographe, avocat au parlement de Paris, écuyer, conseiller du roi, et vint en Périgord en qualité de bailli royal de Lalinde. Il fut fait bientôt après lieutenant civil, criminel et de police de la baronnie de Limeuil, par le marquis de Sainte-Alvère, qui le nomma juge de cette même baronnie en 1766 ou 1767. Il avait sous son autorité la châtellenie de Cendrieux et la prévôté de Trémolat.

En 1765, il se chargea de confectionner le terrier général de la seigneurie de Miremont. On a vu qu'en 1768, il fut délégué commissaire, par les trésoriers de France, pour le repavage et la petite voirie du Bugue, circonstance qui lui fit prendre en affection la localité. C'est, en effet, à peu près à partir de cette époque qu'il s'y attacha d'une manière toute particulière, et finit par y marier sa fille avec M. Odet Lafon, appelé plus généralement Lafon du Port, pendant long-temps juge de paix du canton du Bugue.

On a pareillement vu que, par ordre d'Elisabeth d'Aubusson de la Feuillade, abbesse du Bugue, Barry, en 1771, dirigea la confection des plans géométriques de l'arpentement général des domaines du nouveau terrier et d'un livre des redevances de l'abbaye.

Avant lui, le Cingle, dans lequel se déroule actuellement la route n° 4, n'était, comme je l'ai dit, qu'un sentier étroit et dangereux, dont il fit un chemin large et commode, approprié de nos jours à la route, sans beaucoup de dépenses.

Environ à trois kilomètres à l'est du Bugue, dans la commune d'Audrix, existe une profonde excavation, une sorte d'abîme aujourd'hui fermé, mais dont le souvenir, parfaitement conservé, dans le pays, est, depuis long-temps, entouré d'une auréole légendaire des plus émouvantes. De cette excavation, appelée le Trou-de-Promeissat, sortaient, dans le temps, des vapeurs plus ou moins sulfureuses, des flammes plus ou moins réelles. L'opinion publique la regardait comme étant le cratère d'un ancien volcan éteint.

On disait même, pour donner quelque créance à cette opinion, qu'une paire de canards jetée dans ce trou avait reparu, au bout d'un certain temps, les ailes toutes brûlées, à Perdigat, commune de St-Chamassy, à l'entrée d'une petite grotte, d'où s'échappe une source abondante qui se jette immédiatement dans la Vézère.

Vers 1775, un intrépide habitant du pays avait voulu explorer cette excavation, et y était descendu, tenant un cordon de sonnette pour se faire hisser aussitôt qu'il sonnerait. Il ne put aller fort bas, faute d'air respirable. Quand il fut de retour à la surface, il rapporta qu'il avait entrevu de grandes cavités, d'où s'exhalait une vapeur étouffante.

Cet abîme, situé tout près de l'ancienne grande route de Sarlat à Bergerac, avait souvent favorisé les malfaiteurs, qui y faisaient disparaître les cadavres des personnes assassinées dans les environs.

Pour prévenir de nouveaux malheurs, l'intendant de la province avait essayé de faire fermer ce trou, au moyen d'une voûte; mais cette voûte, mal exécutée, s'était écroulée. Barry reprit les travaux, fit construire trois voûtes l'une sur l'autre, et depuis rien n'a bougé.

Les foires du Bugue, dont l'importance leur avait valu le nom de foires royales, se tenaient très irrégulièrement. Il les ordonna et régularisa, comme on l'a vu, de la manière la plus avantageuse pour la localité et les populations circonvoisines.

A la révolution, il fit les plus actives démarches afin que le district, définitivement fixé à Montignac, fût placé au Bugue. N'ayant pas réussi pour le district, il demanda, sans plus de succès, que le tribunal de commerce, dont on dota Belvès, fût donné à sa petite ville de prédilection.

Pour le récompenser de tant de zèle et de tant de dévouement, quelques mauvais citoyens du Bugue, comme il y en a trop souvent partout, ne trouvèrent rien de mieux que de le dénoncer, le faisant passer pour un très dangereux aristocrate. Ils le poursuivirent d'une haine aveugle, suscitée par une jalousie d'autant plus hideuse, qu'ils étaient moins en état d'apprécier son mérite.

Se voyant incessamment exposé à être arrêté, cet homme de bien quitta le pays et se retira à Paris, où il séjourna un temps moral suffisant pour laisser apaiser les passions de ses ennemis. Il était de retour au Bugue en 1794 ou à la fin de 1793. Il mourut le 28 mars 1794.

DUBREUIL.

Ce ne sont ni les sciences, ni les arts, ni la littérature qui ont valu à Joseph Lafaye, plus connu sous le nom de Dubreuil, la juste renommée dont il jouit parmi nous. Il la doit tout simplement à sa loyauté, à sa probité à toute épreuve, à sa noble conduite, dans les temps difficiles où il vécut.

Dubreuil appartenait à une vieille et honorable famille bourgeoise du Bugue, recommandable, comme toute la vraie bourgeoisie d'avant la révolution, par la pureté de ses mœurs, l'élévation de ses sentiments et l'indépendance de son caractère. Il avait reçu l'éducation libérale que les pères de famille du xvIII^e siècle s'appliquaient à donner à leurs enfants, et il était profondément imbu de cette haute et puissante philosophie qui caractérisa ce xvIII^e siècle, et le rendra à jamais célèbre, dans le monde intelligent.

En 1789, il partageait franchement les idées nouvelles qui,

si elles avaient été loyalement appliquées, promettaient à la France le plus bel avenir qu'une nation civilisée puisse espérer. Dès le début de la révolution (août 1790), il fut appelé à faire partie de l'administration centrale du département, et, pendant plus d'un an, il remplit les fonctions qui lui avaient été confiées avec tout le zèle d'un vertueux citoyen. Il donna sa démission le 23 septembre 1791, sous le prétexte qu'il avait de longs voyages à faire. En l'an II, il fut nommé commissaire, par la municipalité du Bugue, pour poursuivre l'exécution de la loi relativement aux approvisionnements du marché de la localité et dénoncer, au représentant du peuple, Roux-Fazillac, la conduite du district de Belvès, et plus particulièrement de son syndic, dans cette affaire (¹). Il s'en acquita avec le plus grand succès.

Dubreuil appartenait au parti fédéraliste, appelé plus tard les *Girondins*. Dénoncé en 1793, il fut arrêté, de nuit, à sa campagne du Breuil, près le Bugue, par ordre de Romme, représentant du peuple, et conduit à Périgueux. Aussitôt que le bruit de son arrestation se fut répandu dans le Bugue, presque toute la population valide (plus de 400 personnes) se mit spontanément en route pour aller réclamer le prisonnier. Romme était absent. Lakanal, qui le remplaçait, plein d'admiration pour une pareille démarche, fit droit à la réclamation. Mais le mal était fait; frappé au cœur par la dénonciation, Dubreuil, âgé de 58 ans, mourut de chagrin peu de temps après, emportant l'estime et les regrets de tous ses concitoyens.

Le Docteur CAZILLAC.

Le nom de la famille Cazillac est Rey. Le docteur Cazillac, né le 4 juillet 1721 et mort le 19 décembre 1808, est appelé,

(¹) Voyez *Histoire du Bugue*, p. 117.

dans les registres de l'état civil de la commune du Bugue, Rey Joseph Cazillac. Dans un testament qu'il fit pendant une maladie, en 1764, il se nomme Jean-Joseph Rey Régis, sieur de Cazillac. Dans le testament de Marie Rey, une de ses sœurs, fait en 1765, on lui donne tout simplement le nom de Jean-Baptiste Rey, médecin. Dans celui de Françoise Rey, son autre sœur, même année, il reçoit celui de Jean-Joseph Rey ; de telle sorte qu'on a beaucoup varié sur ses prénoms. Je ne saurais dire d'où vient le surnom de Régis; mais je suis porté à croire qu'il avait réellement nom Jean-Joseph Rey, sieur de Cazillac, parce qu'il était filleul de son frère aîné, appelé aussi Jean-Joseph Rey, sieur de Cazillac, avocat, juge de la juridiction de Limeuil, et faisant de fort jolis vers patois presque tous perdus. On ajouta sans doute à ses prénoms celui de Baptiste, pour le distinguer de son frère. Quoi qu'il en soit, le jeune Rey fut élevé avec soin par sa mère et chéri de son frère et de ses sœurs. Il n'est pas question de son père, mort sans doute de bonne heure. Il étudia la médecine à la faculté de Montpellier, où il fut reçu docteur et vint exercer au Bugue.

C'était le temps des encyclopédistes, de ces hommes de génie, dont les grands talents, le noble caractère, les idées généreuses, la haute philosophie et la fière indépendance glorifiaient l'intelligence humaine, et feront toujours l'admiration des siècles. C'était surtout le temps où Voltaire brillait dans tout son éclat. Cazillac se fit voltairien, et comme ces royalistes plus royalistes que le roi, il fut bientôt plus voltairien que Voltaire. Dans cette disposition d'esprit, il conçut et exécuta un ouvrage en deux volumes in-12, imprimé en 1789, ayant pour titre : *Histoire naturelle et raisonnée de l'âme.* Pour nos modernes, qui raffinent sur tout et ont l'oreille beaucoup plus délicate que la conscience, il est bien entendu que ces mots hurlent ensemble, et que Cazillac était un de ces matérialistes impudents, engendrés par le xvIIIe siècle dans le but de pervertir l'humanité. Pour les gens sensés et calmes qui se donnent la peine de lire, le titre de ce livre ne sera jamais qu'une bizarrerie, et ils reconnaîtront bien vite que l'auteur était tout simplement un de ces intrépides chercheurs de la vérité, ayant étudié l'homme dans son essence, dans ses facultés et dans ses sensations, et voulant faire part au public de ses observations et de ses appréciations.

Je n'ai pas l'intention d'analyser le livre de Cazillac. Je me borne à dire qu'il faut le lire sans passion pour bien apprécier le caractère de l'auteur et rendre justice à ses intentions. Quant à l'ouvrage en lui-même, je conviens qu'il est un peu indigeste; mais il faut dire aussi que la matière est bien ardue.

Lorsqu'il composa ce traité, Cazillac était correspondant du musée de Bordeaux, ce qui prouve qu'il avait déjà exécuté d'autres travaux. Nous savons, en effet, qu'il composa divers mémoires, autrefois déposés à ce musée, mais sur lesquels je n'ai pu me procurer aucun détail. Il aimait à s'occuper d'astronomie.

Mlle Germillan, poète lauréat de Bordeaux, est aussi née au Bugue.

Sans être né au Bugue, Lafon Labatut, lauréat de l'institut de France (académie française), dont le père était enfant du Bugue, y est venu si jeune qu'on s'est justement habitué à le considérer comme appartenant à la localité.

Et de fait, il y a été élevé, y a composé ses vers et y habite.

TABLE.

Livre Ier.

	Pages.
Chap. Ier. — Position du Bugue, son origine, son couvent, son importance politique et religieuse....................	5
Chap. II. — Décadence politique, prospérité du couvent, son incendie, sa reconstruction, influence des seigneurs de Limeuil...........................	15
Chap. III. — La féodalité et les établissements religieux, la ville et le bourg du Bugue, le mouvement littéraire et religieux des XIIe et XIIIe siècles..................	25
Chap. IV. — Querelles dans le couvent, fixation du marché, la maison de l'Hôpital, la Barde, la Farge, la justice dans la juridiction de Limeuil........................	31
Chap. V. — L'intérieur du couvent, ses dépendances jusqu'à la fin du XVe siècle..............................	40
Chap. VI. — Evénements politiques, le pont du Bugue, guerres des XIVe et XVe siècles............................	46

Livre IIe.

Chap. Ier. — La réforme au Bugue et dans le couvent de Saint-Salvador..	59
Chap. II. — Le Bugue durant le XVIe siècle, guerres de religion, ouverture du temple, les forges, la famille Dabzac et autres..	66

Chap. III. — Rétablissement du couvent, tendances religieuses, révocation de l'édit de Nantes et ses suites, démolition du temple, reconstruction des églises... 75

Chap. IV. — Suites et conséquences des guerres de religion, les Morisques, la peste, les croquants, la fronde; administration, navigation, maladies contagieuses, famine, industrie et commerce du Bugue.......... 83

Chap. V. — Le couvent et ses abbesses au xviiie siècle; il est dévoré par un incendie; son rétablissement, suites de ce rétablissement, son revenu, son école, sa règle.. 92

Chap. VI. — Le Bugue au xviiie siècle; on y établit un entrepôt de tabac; ses foires et marchés; sa halle, il est repavé à neuf, ouverture du chemin du Cingle, industrie, commerce, inondations, légendes, monument gaulois, détails archéologiques, etc....... 103

Conclusion.. 116

BIOGRAPHIE.

Rey.. 121
Barry.. 127
Dubreuil.. 130
Cazillac... 131
Mlle Germillan.. 133
Lafon Labatut... 133

Périgueux, imp. Dupont et C. — D. 57.

Fig. 1ère et 2, Portail et Restes de l'Ancien Couvent.
Fig. 3. Armes des Pardaillan, surmontées de la crosse d'abbesse.

www.ingramcontent.com/pod-product-compliance
Lightning Source LLC
Chambersburg PA
CBHW060141100426
42744CB00007B/855